Richard Klein
Zum Verhältnis von Staat und Kirche in der Spätantike

T0161643

Tria Corda

Jenaer Vorlesungen zu Judentum,
Antike und Christentum

Herausgegeben von

Walter Ameling, Karl-Wilhelm Niebuhr
und Meinolf Vielberg

3

Richard Klein

Zum Verhältnis von Staat und Kirche in der Spätantike

Studien zu politischen, sozialen und wirtschaftlichen Fragen

Mohr Siebeck

Richard Klein, 1934–2006, 1962 Promotion, 1977 Habilitation, seit 1983 Professor für Alte Geschichte an der Universität Erlangen-Nürnberg

ISBN 978-3-16-149819-0
ISSN 1865-5629 (Tria Corda)

Die Deutsche Bibliothek verzeichnet diese Publikation in der Deutschen Nationalbibliographie; detaillierte bibliographische Daten sind im Internet über *http://dnb.d-nb.de* abrufbar.

Das Buch wurde von Martin Fischer in Tübingen aus der Garamond Antiqua gesetzt, von Gulde-Druck in Tübingen auf alterungsbeständiges Werkdruckpapier gedruckt und von der Buchbinderei Held in Rottenburg gebunden.

Vorwort

Die Studien zum Verhältnis von Staat und Kirche in der Spätantike, die im dritten Band der *Tria Corda* vorgelegt werden, sind von Richard Klein noch vollständig überarbeitet und in der ersten Korrektur gelesen worden. Sein allzu früher plötzlicher Tod verhinderte, daß er ihre Publikation bis zum Schluß begleitete. Es war dem Verfasser nicht mehr vergönnt, letzte Hand an seine Arbeit anzulegen. Er kannte aber das Konzept der Reihe und begrüßte die sich daraus ergebenden Veränderungen.

Richard Klein war einer der produktivsten deutschen Althistoriker seiner Generation. Doch lagen seine wissenschaftlichen Anfänge eher in der Klassischen Philologie. Mit einer Dissertation über „Königtum und Königszeit bei Cicero" wurde er 1962 in Erlangen promoviert. Als sich der Kenner der christlichen Spätantike dort 1976 mit der Schrift „Constantius II. und die christliche Kirche" habilitierte, lagen aus seiner Feder zwei weitere Monographien vor: „Tertullian und das römische Reich" (1968) und „Symmachus, Eine tragische Gestalt des ausgehenden Altertums" (1971; 2. Aufl. 1986). Es war der Auftakt einer fruchtbaren wissenschaftlichen Tätigkeit, bei der die solide philologische Grundlegung auf Dauer eine tragende Rolle spielen sollte. Mit sorgfältigen zweisprachigen Editionen, welche die Leser an die Originaltexte heranführten und nicht selten mehrere Auflagen erzielten, erreichte Richard Klein eine beachtliche Breitenwirkung und wurde zu einem wichtigen Vermittler des Fachs Alte Geschichte, aber auch der Geschichte der Alten Kirche und der Patristik. Ausgangspunkt war eine kommentierte Textsammlung zum Streit um den Viktoriaaltar (1972). Einer Einführung in die Romrede des Aelius Aristides (1981) folgte die zweisprachige Ausgabe des Textes (1983). Mit P. Guyot übersetzte er die Dankrede des Gregor Thaumaturgos an Origenes und den Brief des Origenes an Gregor (1996). Denselben Zielen verpflichtet war die ursprünglich zweibändige, ebenfalls in Kooperation mit P. Guyot vorgelegte Dokumentation „Das frühe Christentum bis zum Ende der Verfolgungen" (2. Aufl. 1997). Eine große Leserschaft erreichte Richard Klein auch mit Aufsatzsammlungen, die ebenso Roms Staatlichkeit gewidmet waren wie römischen Kaisern, die auf unterschiedliche Weise von sich reden machten. Dazu gehören die Bände „Das Staatsdenken der Römer" (3. Aufl. 1980), „Prinzipat und Freiheit" (1969), „Das frühe Christentum im römischen Staat" (2. Aufl. 1982), „Julian Apostata" (1978) und „Marc Aurel" (1979). Richard Klein verfaßte mehr als zweihundert Aufsätze, Beiträge zu Sammelwerken, Lexikonartikel und Rezensionen. Eine Auswahl der ‚Kleinen Schriften' erschien in der Festschrift „Roma versa per aevum" zu seinem 65. Geburtstag. Er gab die Zeitschrift „Gymnasium, Zeitschrift für Kultur der Antike und humanistische Bildung" und das „Handbuch für Erziehung und Bildung in der Antike" (2006) heraus und gehörte damit zu den Wissenschaftlern, die Wilhelm von Humboldts Ideal der Einheit von Forschung und Lehre (an Schule und Universität) besonders eindrucksvoll verkörpern.

Im Rahmen der ‚Forschungen zur antiken Sklaverei', die von Joseph Vogt begründet wurden und nun im Auftrag der Kommission für Geschichte des Altertums von der Mainzer Akademie der Wissenschaften und Literatur herausgegeben werden, entwickelte Richard Klein einen weiteren Arbeitsschwerpunkt und legte nach verschiedenen Vorstudien zwei gewichtige Monographien vor: „Die Sklaverei in der Sicht der Bischöfe Ambrosius und Augustinus" (1988) und „Die Haltung der kappadokischen Kirchenväter Basilius von Caesarea, Gregor von Nazianz und Gregor von Nyssa zur Sklaverei" (1999). Die Akademieabhandlungen, die sich durch umfassende Kenntnis und präzise Darstellung des umfangreichen Materials auszeichnen, umschreiben ein für Antike *und* Christentum gleichermaßen wichtiges Forschungsgebiet. Es gewann aus Gründen, die zu offenkundig sind, als daß sie eigens beschrieben werden müßten, in den vergangenen Jahren besondere Aktualität und wurde deswegen wohl auch als übergeordneter Rahmen der „Jenaer Vorlesungen zu Judentum, Antike und Christentum" gewählt. Die in den *Tria Corda* vereinten Studien zum Verhältnis von Staat und Kirche in der Spätantike betreffen tatsächlich nicht nur staatliche, sondern ebenso damit verbundene wirtschaftliche und vor allem soziale Fragen, denen die frühchristliche Kirche nicht auswich, sondern sich vielmehr als Anwalt der Schwachen verstand und ihre Stimme, ohne pastorale Aufgaben zu vernachlässigen, in den gegebenen Grenzen für sie geltend machte.

In der ersten Studie „Zur staatlichen Dimension des Bischofsamtes seit Konstantin dem Großen" werden die Ursprünge der vielfältigen Verschränkungen von Staat und Kirche in der Spätantike behandelt. Richard Klein erörtert, wie es dazu kam, daß staatliche Funktionen von Bischöfen übernommen werden konnten, und entfaltet die Frage, wie sich die staatlichen Verhältnisse unter dem Einfluß des Christentums veränderten, systematisch in ihrer politischen und juristischen, ihrer ökonomischen und ihrer sozialen Dimension. Dabei behandelt er nicht nur die Vorteile, die sich aus dieser Kooperation ergaben, sondern berührt am

Beispiel von Byzanz auch die Gefahren, die eine zu enge
Verbindung von Staat und Kirche mit sich brachte. In der
zweiten Studie untersucht Richard Klein, wie christliche
Kaiser für die Bevölkerung des Reichs sorgten: ob die Modi
paganer *liberalitas* unter neuen Vorzeichen einfach nur
weiterwirkten oder ob nicht vielmehr, da die zu Begün-
stigenden nun nicht mehr nach Machtkriterien ausgesucht,
sondern christlicher *caritas* gemäß nach ihrer Bedürftigkeit
bestimmt wurden, gerade besonders Bedürftige Unterstützung erhielten. Mit der Frage nach dem sozialen Wirken der
Kirche werden in der dritten Studie die Verlautbarungen
und Maßnahmen in den Blick genommen, welche von
den Angehörigen der Kirche selbst, von Klerikern wie von
vornehmen Laien, ausgingen, um den rapiden geistigen
und gesellschaftlichen Wandel zu erklären, der sich unter
dem Einfluß des Christentums zwischen dem dritten und
sechsten Jahrhundert vollzog. Die vierte Studie „Ennodius
von Pavia und die Sklaverei. Eine Fallstudie an der Wende
vom Altertum zum Mittelalter" markiert den Endpunkt des
Untersuchungszeitraums und verdeutlicht an dem gelehrten
Bischof von Pavia, wie christliche Denker (und Politiker)
zu einer humaneren Behandlung der Sklaven beizutragen
vermochten. Allgemeine Bemerkungen zur Sklaverei im
Ostgotenreich Theoderichs des Großen in Italien unterstreichen andererseits, daß die ökonomischen Grundlagen
des spätantiken Staates dadurch nicht in Frage gestellt wurden; in Abgrenzung von Positionen auch der marxistischen
Geschichtswissenschaft betont Richard Klein vielmehr, daß
die antike Sklaverei in Grundzügen nicht nur im Mittelalter,
sondern bis in die frühe Neuzeit fortexistierte.

Dem Programm der Reihe gemäß, das im ersten Band
der *Tria Corda* umrissen worden ist, sind die lateinischen
und griechischen Zitate des Fließtextes übersetzt worden.

Auch Schlüsselbegriffe und -texte der Anmerkungen wurden ins Deutsche übertragen. Bei längeren Zitaten wurden die vorhandenen Standardübersetzungen genutzt, die in den Fußnoten bibliographisch erschlossen sind. Wo keine Übersetzungen vorhanden waren, sind sie von Herrn cand. theol. et phil. Alexander Lucke angefertigt worden. Herr Lucke hat in bewährter Weise wieder die Redaktionsaufgaben übernommen. Dafür sei ihm und für guten Rat und eine umsichtige Betreuung der Drucklegung auch dem Cheflektor des Verlags Mohr Siebeck Herrn Dr. Henning Ziebritzki nochmals herzlich gedankt.

Jena, im März 2008   *Meinolf Vielberg*

Inhalt

I Zur staatlichen Dimension des Bischofsamtes seit Konstantin dem Großen

Bereits um die Wende vom zweiten zum dritten Jahrhundert hatte Tertullian, der erste lateinisch schreibende Apologet, den heidnischen Machthabern vor Augen gestellt, daß die Christen weitaus bessere Untertanen seien als die Anhänger der verschiedenen Götterkulte. Als Begründung führt er an, daß sie ein untadeliges Leben führten, frei von jeder Feindschaft gegen ihre Mitmenschen, ohne jeden Gedanken an Hinterlist, Mord und Krieg. Diese zukunftweisende Konzeption, die im Osten von Origenes aufgegriffen wurde, war auch deswegen geeignet, Aufmerksamkeit zu wecken, weil die Anhänger des neuen Glaubens bereit waren, die unumschränkte Herrschaft der Kaiser als *secundi a deo* (zweite von Gott) ohne Vorbehalte anzuerkennen. Durch das Gebet für das Wohlergehen des Reiches und die Erfüllung aller staatlichen Pflichten außer dem Opferkult glaubten sie, ihre Eigenschaft als vorbildliche Reichsbürger auch im Alltagsleben beweisen zu können.[1] Ein Blick auf die innere Ordnung der Gemeinden bestätigt ganz offensichtlich ein solches Bild, wie es durchgehend von den frühen Apologeten gezeichnet wird. Die im zweiten und dritten

---

[1] Tert. apol. 37–44; vgl. dazu speziell J. STRAUB, Des christlichen Kaisers ‚*secunda maiestas*‘. Tertullian und die Konstantinische Wende, in: Regeneratio imperii. Aufsätze über Roms Kaisertum und Reich im Spiegel der heidnischen und christlichen Publizistik, Bd. 2, Darmstadt 1986, S. 63–74.

Jahrhundert zu unangefochtenen Leitern ihrer Gemeinden aufgestiegenen Bischöfe fungierten als gerechte Friedensstifter und übten dort auch zivilrechtliche Funktionen aus. Abgesehen von der Unparteilichkeit und Unbestechlichkeit, wofür die bischöflichen Entscheidungen im Gegensatz zu den staatlichen Gerichtsverfahren bereits in der frühen syrischen Didaskalie gerühmt werden, mußte die vorbildliche Fürsorge der Christen für ihre Glaubensgefährten die Heiden nachhaltig beeindrucken, hören wir doch bereits in der Mitte des zweiten Jahrhunderts sogar von einem Heiden, daß bei den Christen Witwen und Waisen eine besondere Rolle spielten, ferner berichtet Lukian, daß der Schwindler Peregrinus Proteus, der sich zeitweise als einer der ihren ausgab, von ihnen jeweils bereits am frühen Morgen im Kerker besucht und mit allem Nötigen versorgt wurde.[2] Dies mußte vor allem deswegen eine um so stärkere Aufmerksamkeit hervorrufen, weil im Römischen Reich eine organisierte Wohlfahrtspflege außerhalb des politischen Rahmens und vor allem eine Verknüpfung von Armenunterstützung und Religion unbekannt waren, sieht man von der Fürsorge für bestimmte Gruppen wie etwa

---

[2] Lukian, Peregrinus Proteus 11–13; hierzu jetzt P. PILHOFER u. a. (Hrsgg.), Lukian. Der Tod des Peregrinos. Ein Scharlatan auf dem Scheiterhaufen (griech.-deutsch). Texte zur Forschung Sapere, Bd. 9, Darmstadt 2005, S. 57–65 (S. 64: „Die Bruderschaft ist in der Tat ein spezifisch christliches Phänomen, das von außen auch als ein solches wahrgenommen wird"). Zum frühen Bischofsgericht bes. E. HERRMANN, Ecclesia in Re Publica. Die Entwicklung der Kirche von pseudostaatlicher zu staatlich inkorporierter Existenz, Frankfurt / M. 1980, S. 78–92. Über die Verbindung der Armenfürsorge mit der Religion im Christentum, abgeleitet aus dem Gebot der Nächstenliebe (Joh. 13, 34), vgl. jetzt wieder G. KLINGENBERG, Kirchengut, RAC 20 (2005), Sp. 1052.

für die Angehörigen des Heeres ab.[3] Solange allerdings die
Angehörigen der *fides christiana* (des christlichen Glaubens)
unter Verfolgungen litten und die Stellung einer *religio licita*
(erlaubten Religion) noch nicht erreicht war, war freilich an
eine Übernahme in das staatliche Leben nicht zu denken.

Der neue Zustand begann, als Konstantin der Große
nach seinem entscheidenden Sieg über Maxentius im Jahre
312 sich innerlich dem neuen Glauben zuzuwenden begann und durch den Umgang mit einflußreichen Bischöfen
die Funktionsfähigkeit der kirchlichen Organisation unter
strafferer episkopaler Leitung kennenlernte. Bereits ein Jahr
zuvor hatte die Kirche nach Abschluß der diokletianischen
Verfolgung durch das Galeriusedikt ihren Grundbesitz zu-
rückerhalten, den sie in der langen Friedenszeit seit Gallie-
nus de facto erworben hatte, und damit den Status einer
staatlich anerkannten vermögens- und vereinsrechtlichen
Körperschaft erlangt. So war es den Bischöfen möglich,
ihr vorbildliches friedenstiftendes und soziales Wirken
innerhalb ihrer Gemeinden in noch größerem Stil fort-
zusetzen.[4] Jenes frühe Wirken, das man in der Forschung

---

[3] Über die Einrichtung spezieller Militärkrankenhäuser (Valetudina-
rien) seit augusteischer Zeit, die der raschen Genesung erkrankter und
verletzter Soldaten dienten, z. B. J. C. WILMANS, Der Sanitätsdienst
im Römischen Reich. Eine sozialgeschichtliche Studie zum römischen
Militärsanitätswesen nebst einer Prosopographie des Sanitätspersonals.
Medizin der Antike, Bd. 2, Hildesheim 1995, bes. S. 103–116 und O.
HILTBRUNNER, Krankenhaus, RAC 21 (2006), Sp. 882–914.

[4] Lact. mort. pers. 34 bzw. Euseb. hist. eccl. VIII 17, 3–10: Galeriusedikt; dazu jetzt A. STÄDELE (Hrsg.), Laktanz, De mortibus
persecutorum / Die Todesarten der Verfolger, Fontes Christiani, Bd. 43,
Turnhout 2003, S. 180–183. Bis dahin konnten einzelne Christen und
auch die einzelnen Ortskirchen ständiges Eigentum erwerben, aber
nicht die Kirche in ihrer Gesamtheit; vgl. KLINGENBERG, Kirchengut
(wie Anm. 2), Sp. 1059–1070.

gelegentlich bereits als pseudostaatlich definiert hat, dürfte
Konstantin umso stärker beeindruckt haben, weil er sich
wie schon Diokletian mit aller Kraft bemühte, den durch
die innen- und außenpolitischen Wirren des dritten Jahrhunderts verursachten Niedergang des Reiches durch eine
straffe, zentral gelenkte Monarchie aufzuhalten. Dabei setzte
er auf eine zentrale Reichsverwaltung mit erheblich ver-
mehrter Bürokratie, was einen erhöhten Steuerbedarf zur
Folge hatte. Bekanntlich suchten er und seine Nachfolger
diesen durch eine starke Belastung vor allem der unteren
Schichten mit weitgehender Zwangsbindung an Stand und
Boden zu decken. Das gewiß nicht generell als „Zwangsstaat" anzusprechende Imperium der Spätzeit – nicht nur
die Oberschicht fand Mittel und Wege, sich einer solchen
Belastung in zunehmendem Maße zu entziehen – war indes
im Ganzen dadurch gekennzeichnet, daß sich der Gegensatz
zwischen Arm und Reich ständig vertiefte. Wie sollten staatliche Fürsorgemaßnahmen, die in den letzten Jahrzehnten
des dritten Jahrhunderts großenteils zusammengebrochen
waren und jetzt erneuert werden mußten, Abhilfe schaffen,
wenn die Versorgung weiter Teile der Bevölkerung sowohl
in den Städten wie auf dem flachen Land außerdem durch
staatliche Mißwirtschaft und Korruption der Gerichte er-
schwert war und das Anwachsen vieler Städte aufgrund
der Flucht aus der Zwangsbindung bedrohliche Formen
annahm?[5]

---

[5] Allgemein hierzu A. DEMANDT, Die Spätantike. Römische Ge-
schichte von Diocletian bis Justinian 284–565 n. Chr., München 1989,
Handb. d. Altertumswsch. III 6, S. 211–351 und DERS., Wirtschaft und
Politik in der Spätantike, in: K. DIETZ / D. HENNIG / H. KALETSCH
(Hrsgg.), Klassisches Altertum, Spätantike und frühes Christentum,
Festschrift für Adolf Lippold, Würzburg 1993, S. 263–277. Speziell zu
den Begriffen „Zwangsstaat" bzw. „Kastenstaat" vgl. F. VITTINGHOFF,

Es ist verständlich, daß Konstantin in Anbetracht der angespannten Situation nicht lange zögerte, die intakten christlichen Organisationsstrukturen soweit wie möglich in das Gefüge des Staates zu integrieren, und zwar zunächst auf *rechtlichem* Gebiet. Dies umso mehr, weil die Bischöfe ihre eigene administrative Struktur rasch an den politischen Verwaltungsaufbau anzupassen begannen.[6] So belegen die Bischofslisten des Konzils von Nicaea im Jahre 325, daß bereits damals die Übereinstimmung der kirchlichen Sprengel mit den Diözesen und Provinzen des Reiches weitgehend gegeben war. Freilich wäre es bei der nun folgenden Übertragung zahlreicher weltlicher Aufgaben in Verbindung mit bemerkenswerten Privilegien verfehlt, die schon früh erkennbare persönliche Glaubensüberzeugung des Kaisers zu ignorieren und ausschließlich politische Überlegungen gelten zu lassen, wie es einst Jakob Burckhardt für den angeblich machtbewußten Machiavellisten Konstantin propagierte, der angeblich die Christen wie Schachfiguren im politischen Spiel einzusetzen wußte. Dies trifft schon allein deswegen nicht zu, weil sich die Verehrung des Kaisers für die „gesetzmäßigste und heiligste katholische Religion" und sein Glaube an deren Verbindung mit seinem und des Rei-

---

in: Handbuch der europäischen Wirtschafts- und Sozialgeschichte, Bd. 1: Europäische Wirtschafts- und Sozialgeschichte in der römischen Kaiserzeit, hrsg. v. F. Vittinghoff, Stuttgart 1990, S. 349–356. Über die Steuerbelastung, welche zu der Zwangsbindung speziell der Landbevölkerung (mit weiteren Folgen) erheblich beitrug, ausführlich W. Kuhoff, Diokletian und die Epoche der Tetrarchie. Das römische Reich zwischen Krisenbewältigung und Neuaufbau (284–313 n. Chr.), Frankfurt / M. 2001, S. 484–514.

[6] Zusammenfassend hierzu Chr. Schweizer, Hierarchie und Organisation der römischen Reichskirche in der Kaisergesetzgebung vom vierten bis zum sechsten Jahrhundert., Diss. Bern u. a. 1991, S. 44–48.

ches Wohlergehen in zahlreichen Briefen an geistliche und
weltliche Würdenträger bereits ab 313 offenbart; vor allem
in den Erlassen zugunsten der Bischöfe sind solche Sätze
bewußt gewählt.[7] Aber wenn sich Konstantin und seine
Nachfolger bis zu Justinian in immer stärkerem Maße die
Autorität der Bischöfe für die Verwaltung des Reiches zu-
nutze machten, ist doch die Wahrung staatlicher Interessen
unübersehbar, denen sich bei aller persönlichen Ehrung die
geistlichen Leiter der Gemeinden unterzuordnen hatten.

Bedeutete bereits die Befreiung der Kleriker seit 313
von öffentlichen Dienstleistungen, vornehmlich von den
lästigen *munera* (Amtspflichten) für die Stadtgemeinden,
mehr als eine rechtliche Gleichstellung mit den heidnischen
Priesterschaften in den Zivilgemeinden,[8] so tat der Kaiser
mit der Ausgestaltung des als innergemeindliche Schieds-

---

[7] Belege zusammengestellt bei J. L. MAIER (Hrsg.), Le dossier
du Donatisme. Tome 1: Des origines à la mort de Constance II.,
Berlin 1987, Nr. 12 (S. 140) u. 19 (S. 158). Hierzu grundlegend H.
DÖRRIES, Das Selbstzeugnis Kaiser Konstantins, Göttingen 1954,
S. 241–328 und K. M. GIRARDET, Die Konstantinische Wende und
ihre Bedeutung für das Reich. Althistorische Überlegungen zu den
geistigen Grundlagen der Religionspolitik Konstantins d. Gr., in: E.
MÜHLENBERG (Hrsg.): Die Konstantinische Wende, Gütersloh 1998,
S. 46–57 bzw. Darmstadt 2006, S. 81–92. Zu Jakob BURCKHARDTS
zeitgebundenem Konstantinbild vgl. K. NOWAK, Der erste christliche
Kaiser. Konstantin der Große und das ‚Konstantinische Zeitalter' im
Widerstreit der neueren Kirchengeschichte, in: Die Konstantinische
Wende (s. o.), S. 193–202.

[8] Euseb. hist. eccl. X 7, 2; Aug. epist. 88, 2 (Antwort des Anullinus);
CodTheod 16, 2, 1; vgl. hierzu A. HÜBNER, Immunitas, RAC 17
(1996), Sp. 1114 f. Über die weiterreichende Privilegierung der christlichen Priester, z. B. keine zeitliche Befristung u. a., spricht GIRARDET,
Die Konstantinische Wende (wie Anm. 7), S. 114–116 (1998) bzw.
148–150 (2006) und besonders mit Blick auf die heidnische Seite
bereits H. HORSTKOTTE, Heidnische Priesterämter und Dekurionat im
vierten Jahrhundert n. Chr., in: W. ECK (Hrsg.): Religion und Gesell-

stelle entstandenen Bischofsgerichts in einem Zivilstreit zu einer den öffentlichen Verfahren gleichgestellten Institution bereits 318 den ersten entscheidenden Schritt zum Einbau der Kirche in die staatliche Organisation. Damit waren erstmals die Leiter kirchlicher Gemeinden gleichberechtigt neben die munizipalen Beamten getreten. Die Urteile, denen sich die hier streitenden Parteien zu fügen hatten, waren inappellabel und wurden von den Staatsorganen vollstreckt. Man kann sich von nun an, auch wenn ein Verfahren bei einem weltlichen *iudex* (Richter) schon anhängig war, an einen geistlichen Richter wenden, selbst eine einseitige Provokation an ein Bischofsgericht gegen den Willen des Prozeßgegners war seit 333 möglicherweise zugelassen. Aufschlußreich sind die Beweggründe, die den Kaiser veranlaßten, die *episcopalis audientia* (bischöfliche Gerichtsbarkeit) auf die gleiche Stufe zu stellen wie die Bescheide der *praefecti praetorio* (Prätorianerpräfekten); denn beider Urteile ergingen im Namen des Kaisers. Es waren, wie er in der Konstitution von 333 bekennt, sein Vertrauen in die moralische Festigkeit der Bischöfe, der *sacrosanctae legis antistites* (Vorsteher des heiligen Gesetzes), gegen Korruption und unbillige Einflußnahme, ferner die Hoffnung auf eine Minderung der allgemeinen Prozeßwut und schließlich die Erwartung, die Wahrheit rasch an den Tag zu bringen, während die Menschen sonst in unentwirrbare Schlingen endloser Prozesse verstrickt seien. Mochten sich hierbei auch die Bischöfe zunächst als Anwälte, Patrone und Wohltäter christlicher Kreise verstehen, so zeigt die kaiserliche Aussage doch in aller Deutlichkeit, was man von derartigen Verfahren erwartete: Sie sollten rascher, weniger kostspielig

---

schaft in der römischen Kaiserzeit. Kolloquium zu Ehren von Friedrich Vittinghoff, Köln 1989, S. 165–183.

und eher nach Recht und Billigkeit durchgeführt werden
als vor städtischen oder staatlichen Instanzen, wo in langer
Tradition der ökonomisch und sozial Mächtige die besseren
Erfolgschancen besaß.[9] Außer der dabei sichtbar werdenden
Effektivität, auf die man staatlicherseits setzte, darf hier und
im Folgenden der Gedanke einer Entlastung der weltlichen
Verwaltung ebenfalls nicht gering veranschlagt werden.

Daß eine derart einschneidende Maßnahme naturgemäß
den moralischen Einfluß der Bischöfe und ihren Hand-
lungsspielraum über ihre rasch größer werdenden Gemeinden erheblich stärkte, kann daran abgelesen werden, daß
sie selbst wegen ihres Ansehens seit 355 nicht mehr den
weltlichen Gerichten unterworfen werden sollten, seit 361
der Kurie nicht mit ihrem persönlichen Vermögen hafteten
und Titulaturen nach dem Vorbild staatlicher Würdenträger erhielten, wie etwa *gravitas vestra* (Euer Durchlaucht)

---

[9] CodTheod 1, 27, 1 (vom J. 318) und constSirmond 1 mit besonderem Hinweis auf die *causae, quae vel praetorio iure vel civili tractantur*
(Rechtsfälle, die entweder nach praetorischem Recht oder Zivilrecht
behandelt werden) -Bindung an die *sacrosancta lex antistitis* bzw. *sacrosanctae religionis auctoritas* (die Autorität der heiligen Religion). Da
die einseitige Provokation eines Prozeßgegners nur hier ausgesprochen
wird und in keinem der späteren Gesetze wiederkehrt, könnte das *etsi
alia pars refragatur* (auch wenn eine andere Partei dagegen stimmt)
eine spätere Interpolation oder eine Verschreibung sein; hierzu P. E.
PIELER, Gerichtsbarkeit, RAC 10 (1978), Sp. 471–473 und E. HERR-
MANN, Ecclesia in Re Publica (wie Anm. 2), S. 208–214. In einen
größeren Zusammenhang, die Einbindung der Bischöfe in das Römische Reich, wird diese Funktion des „kaiserlichen Richters" (neben
der des Hofbischofs, Hoftheologen, kirchenpolitischen Souveräns und
städtischen Wohltäters) gestellt von Chr. MARKSCHIES, Die politische
Dimension des Bischofsamtes im vierten Jahrhundert, in: Recht –
Macht – Gerechtigkeit, hrsg. v. J. MEHLHAUSEN, Veröffentlichungen
der Wissenschaftlichen Gesellschaft für Theologie, Bd. 14, Gütersloh
1998, S. 438–469.

oder *benedictio tua* (Eure Heiligkeit), wenn es auch eine Einreihung in das damalige römische Rangklassensystem der *illustres, spectabiles* und *clarissimi* nicht gegeben hat.[10] Hierher gehört auch die Fahrbewilligung mit der staatlichen Post, dem *cursus publicus*, wenn sie zu Synoden, Konzilien oder an den Kaiserhof zu reisen hatten, ein Vorrecht, wie es nur hohen Staatsbeamten zustand und wegen der hohen Kosten recht restriktiv gehandhabt wurde. Die Bischöfe, die dadurch wiederum auf eine Stufe mit den weltlichen Beamten gestellt waren, nützten dieses Entgegenkommen derart weidlich aus, daß nicht nur Ammian ruinöse Auswir-

---

[10] CodTheod 16, 2, 12 (vom J. 355), Bischöfe sollen nicht vor ein weltliches Gericht zitiert werden; ibid. 12, 1, 49 (vom J. 361): Bischöfe haften mit ihrem Vermögen der Kurie nicht; ibid. 11, 39, 8 (vom J. 381): Bischöfe brauchen kein Zeugnis vor Gericht geben u. a.; vgl. dazu K. L. Noethlichs, Materialien zum Bischofsbild aus den spätantiken Rechtsquellen, JbAC 16 (1973), S. 31 und Schweizer Hierarchie und Organisation der römischen Reichskirche in der Kaisergesetzgebung vom 4. bis zum 6. Jh. (wie Anm. 6), S. 158–161. Zu den Titulaturen wie *gravitas vestra, benedictio tua, sanctissimi fratres* (allerheiligste Brüder) u. ä. vgl. ausführlich E. Jerg, Vir venerabilis. Untersuchungen zur Titulatur der Bischöfe in den außerkirchlichen Texten der Spätantike als Beitrag zur Deutung ihrer öffentlichen Stellung, Diss. Freiburg / Br. 1969 bzw. Wiener Beiträge zur Theologie, Wien 1970, bes. S. 102–108 (Texte Konstantins mit Betonung des geistlichen und religiösen Status). Diese ehrenvollen Bezeichnungen bedeuten keine Einbindung in die Hierarchie der weltlichen Würdenträger, wie einst R. Klauser wollte (Der Ursprung der bischöflichen Insignien und Ehrenrechte, in: E. Dassmann (Hrsg.): Gesammelte Arbeiten zur Liturgiegeschichte, JbAC Ergbd. 3, Münster 1974, S. 195–211), sondern es waren spezielle Ehrentitel, so zu Recht E. Chrysos, Die angebliche ‚Nobilitierung‘ des Klerus durch Kaiser Konstantin d. Gr., Historia 18 (1969), S. 119–129 und Jerg (s. o.). Über die trotzdem zunehmende Bedeutung der bischöflichen Position vgl. neuerdings R. Lizzi-Testa, Privilegi economici e definizione di „status": il caso di vescovo tardoantico, RAL 11 (2000), S. 53–103.

kungen befürchtete.[11] Allerdings mußten sie sich gleichzeitig
trotz aller Vorrechte eine strenge staatliche Aufsicht bei ihrer
Wahl und ihrem Lebenswandel gefallen lassen, wie es die
Synoden schon lange forderten, so etwa unbescholtene Lebensführung, persönliche Tüchtigkeit und keine Annahme
von Geldgeschenken bei ihrer Einsetzung.[12]

Eine Ausweitung der gerichtlichen Befugnisse läßt sich
in einer Reihe weiterer Funktionen im öffentlich-recht-
lichen Bereich erkennen, welche im Laufe der folgenden
beiden Jahrhunderte hinzukamen und die immer stärkere
Inanspruchnahme der bischöflichen Autorität zu staatlichen Zwecken unterstreichen. Hierher gehören, um nur
weniges Bemerkenswerte herauszuheben, in späterer Zeit
die Mitwirkung bei Vormundschaften und insbesondere
das rechtlich abgesicherte Vorgehen gegen Übergriffe staat-

---

[11] Amm. 21, 16, 18; vgl. dazu allgemein P. STOFFEL, Über die
Staatspost, die Ochsengespanne und die requirierten Ochsengespanne.
Eine Darstellung des römischen Postwesens auf Grund der Gesetze des
Codex Theodosianus und des Codex Iustinianus, Bern 1984, S. 13 f.

[12] So durften Bischöfe ihr Amt nicht gegen Bezahlung übernehmen (CodIust 1, 3, 30, 4), sie mußten unbescholten und tüchtig sein
(CodIust 1, 3, 47 pr.), ohne Habsucht und falschen Ehrgeiz (CodIust
1, 3, 30, 3), jederzeit zum Verzeihen bereit (CodTheod 16, 2, 30); vgl.
entsprechend das hohe Lob des Historikers Ammian für die einfache Lebensweise der Provinzbischöfe im Gegensatz zur Prunksucht ihrer stadtrömischen Kollegen (XXVII 3, 15). Der Kaiser richtete sich hier nach
den Vorgaben der Synoden. Belege hierzu bei NOETHLICHS, Materialien
zum Bischofsbild aus den spätantiken Rechtsquellen (wie Anm. 10),
S. 35 und DERS. sehr ausführlich: Anspruch und Wirklichkeit. Fehl-
verhaltungen und Amtspflichtversetzungen des christlichen Klerus an-
hand der Konzilskanones des 4. bis 8. Jahrhunderts, ZKG 107 (1990),
S. 1–61. Speziell für die niederen Amtsträger sind die einzelnen Vergehen zusammengestellt von S. HÜBNER, Der Klerus in der Gesellschaft
des spätantiken Kleinasiens. Altertumswissenschaftliches Kolloquium,
Bd. 15, Suttgart 2005, S. 159–189 (Simonie, unzulässige Gebühren-
forderungen, Vernachlässigung der kirchlichen Pflichten usw.).

licher Funktionäre, wodurch der Bischof dem schon seit
der ersten Hälfte des vierten Jahrhunderts tätigen, von
Valentinian I. wohl 364 legalisierten *defensor civitatis* (bzw.
plebis, dem Verteidiger der Stadt bzw. des Volkes) an die
Seite trat. Dieser hatte die unteren und nicht privilegierten
Bevölkerungsgruppen von Bedrückung und Ausbeutung
durch die *potentes* (die Mächtigen) zu schützen, zumal der
Dekurionen, welche den auf ihnen lastenden Steuerdruck
nach unten weiterzugeben pflegten.[13] Ein gutes Beispiel
für die Zusammenarbeit bietet z.B. Augustinus, der von
staatlicher Seite einen solchen „Verteidiger des Volkes" verlangt, damit die Kirche in öffentlichen Angelegenheiten gehört werden könne. Schließlich stiegen die geistlichen Leiter
der größeren Christengemeinden unter Justinian durch die
Mitwirkung bei der Bestellung gewisser Beamten bis hin zur
Kandidatenauswahl für das Amt des Provinzstatthalters zu
führenden Persönlichkeiten in der Reichsverwaltung auf, so
daß sie nach gut zweihundert Jahren wegen ihrer weithin
unangefochtenen Würde insgesamt eine umfassende Aufsicht über das gesellschaftliche Leben ausübten.[14]

---

[13] CodIust 1, 4, 27, 1/2 vom J. 530: Mitwirkung bei Vormundschaften für Geisteskranke und Minderjährige; NovIust 86, 1 u. 4 vom
J. 539: Appellation an die Bischöfe gegen Entscheidungen eines Statthalters, vgl. wiederum NOETHLICHS, Materialien zum Bischofsbild
aus den spätantiken Rechtsquellen (wie Anm. 10), S. 47 f. Zum Amt
des *defensor civitatis*, dessen Tätigkeit zum Schutz von Einzelpersonen
gegen fiskalische Ausbeutung von Valentinian I. legalisiert wurde und
bei dessen Wahl der Bischof (seit 409) ein Mitspracherecht besaß
(CodTheod 1, 29, 1; CodIust 1, 55, 6); vgl. A. H. M. JONES, The Later
Roman Empire 284–602. A Social, Economic and Administrative Sur-
vey I, Oxford 1973, S. 479 f.; 726 f. u. ö. und E. BERNEKER, Defensor
civitatis, RAC 4 (1957), Sp. 650–655.
[14] Zusammenfassend seien hierzu genannt K. L. NOETHLICHS,
Iustinianus I (Kaiser), RAC 19 (1999), Sp. 733–738 und O. MAZAL,

Einer besonderen Erwähnung bedarf hierbei für den persönlichen Bereich die schon von Konstantin im Jahre 321 ermöglichte Freilassung von Sklaven in der Kirche, wo der Bischof als *antistes ecclesiae* (Vorsteher der Kirche / Gemeinde) mit den Klerikern und vor der versammelten Gemeinde vor oder während des Gottesdienstes den Freilassungswillen des Herrn verkündete. Durch jenen quasi-magistratischen Akt, der durch ein Schriftstück abgesichert wurde, wurde der Bischof wiederum den Reichs-, Provinzial- und Munizipalbeamten mit gleichem Recht an die Seite gestellt. Die Freilassung innerhalb des Gotteshauses mit allen Folgen, wie sie auch zivilrechtlich üblich waren, wurde vom Kaiser jedoch ausdrücklich als gottgefälliger Vorgang gewürdigt. Somit kommt in dieser *manumissio in ecclesia* (Freilassung in der Kirche) erneut seine persönliche Glaubensüberzeugung zum Durchbruch wohl wie auch bei der reichsweiten Einführung des Sonntags, an dem die Freilassungen stattfinden sollten, im Jahre 321 und in einer Reihe von Gesetzen zum Schutz von Ehe, Familie und unmündigen Kindern.[15] Schließlich verfügte Justinian in

---

Justinian I. und seine Zeit. Geschichte und Kultur des byzantinischen Reiches im 6. Jahrhundert, Köln 2001, S. 287–306.

[15] CodTheod 4, 7, 1 (bzw. CodIust 1, 13, 1 u. 2): *Manumissio in ecclesia*. Die Wendungen *religiosa mente* (in religiöser Gesinnung) und *in ecclesiae gremio* (im Schoß der Kirche) zeigen den religiösen Antrieb, der dahinter steckt, aber auch den Respekt des Kaisers vor einer solchen Haltung; vgl. dazu H. LANGENFELD, Christianisierungspolitik und Sklavengesetzgebung der römischen Kaiser von Konstantin bis Theodosius II., Bonn 1977, S. 11–40. 2). Als unmittelbare Fortführung der schon vorher geübten *manumissio inter amicos* (Freilassung unter Freunden) jetzt interpretiert von E. M. DE ROBERTIS, La costantiniana „manumissio in ecclesiis" e i gravissimi sviamenti nelle altre forme manumissorie allora correnti, SGHI 65 (1999), S. 145–149 und M. R. CIMMA, L'episcopalis audientia nelle costituzioni imperiali da Costantino à Giustiniano, Turin 1989. Die Sonntagsgesetze (vom

Ermangelung einer zuverlässigen Beamtenschaft und in dem
Bestreben, den Konsens der Eheleute in objektiver Form zu
legalisieren, die Testierung ziviler Ehen durch den Bischof
beziehungsweise den *defensor ecclesiae* (Kirchenanwalt) aufgrund ihrer schriftlichen Zeugenschaft, dies gewissermaßen
als Abschluß in der Überführung des höheren Klerus in eine
staatlich inkorporierte Existenz auf rechtlichem Gebiet.[16]

Gewiß deuten diese Beispiele auf eine immer stärkere Ver-
schränkung von staatlicher und kirchlicher Sphäre, jedoch
dürfen sie den Blick dafür nicht verstellen, daß Konstantin
wie auch seine Nachfolger stets das Recht des Staates zu
wahren wußten, so etwa bei dem in Ansätzen wohl schon
im vierten Jahrhundert den Gotteshäusern zugestandenen
Asyl – vergleichbar dem früheren Tempelasyl –, da zum Beispiel die in eine Kirche und später in ein Kloster geflohenen
Sklaven grundsätzlich zurückzugeben waren und eine Auf-

J. 321): CodTheod 2, 8, 1 u. CodIust 3, 12, 3; hierzu gegenüber einer
christlichen Motivation des Kaisers sehr zurückhaltend M. WALLRAFF,
Christus Verus sol. Sonnenverehrung und Christentum in der Spätantike. JbAC Ergbd. 32 (2001), Münster 2001, S. 98–2002 und mit
ähnlicher Zurückhaltung I. TANTILLO, L'impero della luce. Riflessioni
su Costantino e il sole, MEFRA 115 (2003), S. 985–1048. Zu den
übrigen Gesetzen vgl. J. VOGT, Zur Frage des christlichen Einflusses auf
die Gesetzgebung Constantins des Großen, Festschrift für L. Wenger
II, München 1944/5, S. 118–148 und H. DÖRRIES, Das Selbstzeugnis Kaiser Konstantins, Göttingen 1954, S. 162–208 sowie kurz
H. BRANDT, Konstantin der Große. Der erste christliche Kaiser. Eine
Biographie, München 2006, S. 80–85.

[16] NovIust 74, 4, 1; dazu HERRMANN, Ecclesia in Re Publica (wie
Anm. 2), S. 281. Jedoch zählten Ehesachen, die trotz aller Bemühungen um eine Verchristlichung des Eherechts nach staatlichem Recht
meist anders beurteilt wurden, nicht zu den religiösen Kernmaterien,
in welchen der Bischof gemäß CodTheod 16, 11, 1 (vom J. 399) eine
Gerichtskompetenz besaß (so PIELER, Gerichtsbarkeit – wie Anm. 9 –
Sp. 475).

nahme von Staatsschuldnern oder kriminellen Elementen
bis zur persönlichen Haftung und Bestrafung des Bischofs
führen konnte.[17] Dies bedeutete, daß bei einem Konflikt
das staatliche Interesse den Vorrang behielt, wie es bereits
in vorchristlicher Zeit bei der Zuflucht in einen Tempel
der Fall gewesen war. Natürlich ist daran zu erinnern, daß
auch Konzilien die Reinheit und Heiligkeit von Altar und
Kirchengebäude gegen eine Befleckung durch Kriminelle zu
wahren suchten. Ferner mag es verwunderlich erscheinen,
daß von Konstantin eine Reihe von strengen Gesetzen
erhalten ist, etwa bei der Flucht von Sklaven oder nicht
standesgemäßen Ehen, wo er die herkömmlichen Standes-
grenzen ebenso einhält wie seine heidnischen Vorgänger.[18]

---

[17] CodTheod 9, 45, 5 (vom J. 398) u. ö.: Unbedingte Rückgabe
von Sklaven, die in eine Kirche geflüchtet waren. Bekanntlich hat
kein Bischof, auch nicht Gregor von Nyssa (hom. in eccl. 4), einer
allgemeinen Sklavenfreilassung aus christlicher Gesinnung das Wort
geredet; vgl. H. BELLEN, Studien zur Sklavenflucht im römischen
Kaiserreich, Wiesbaden 1971, S. 78–92. Zur Haftung des Bischofs bei
Flucht eines Steuerschuldners in die Kirche vgl. A. D. MANFREDINI,
‚Ad ecclesiam confugere‘, ‚ad statuas confugere nell' età di Teodosio
I, in: Atti dell' Accademia Romanistica Costantiniana, VI. Convegno
internazionale, Perugia 1986, S. 39–58. In breitem Rahmen wird
das Problem neuerdings behandelt von G. FRANKE, Das Kirchen-
asyl im Kontext sakraler Zufluchtsnahmen der Antike. Historische
Erscheinungsformen und theologische Implikationen in patristischer
Zeit, Frankfurt / M. 2003, bes. S. 438–448.

[18] CodIust 6, 1, 5: Sofortige Auslieferung eines geflohenen Sklaven,
andernfalls Zahlung von 12 *solidi* (in den Erlassen Konstantins erscheint der *servus fugitivus* als Bösewicht par excellence); vgl. BELLEN,
Studien zur Sklavenflucht im römischen Kaiserreich (wie Anm. 17),
S. 57–64; 127 f. CodTheod 4, 13, 1: Ehe zwischen einer *ingenua* (einer
freigeborenen Frau) und einem Sklaven wird mit dem Tode bestraft (Erneuerung eines früheren Gesetzes durch Konstantin); vgl. HERRMANN,
Ecclesia in Re Publica (wie Anm. 2), S. 261–273. Über die Haltung
der Kirchenväter und der Konzilien zur Aufnahme von Flüchtlingen

Aber bekanntlich hat die Kirche bei aller Betonung des brüderlichen Miteinander auch in diesen Punkten die Ordnung der Gesellschaft keineswegs angetastet, so daß sie sich dem Wunsch des Kaisers, an einer Gestaltung des öffentlichen Lebens mitzuwirken, nicht zu verschließen brauchte.

Die stete Priorität der staatlichen Belange wird bei aller Hochschätzung der bischöflichen Würde vielleicht am klarsten daran sichtbar, daß der Kaiser zwar den bereits tätigen Bischöfen und Klerikern die Befreiung von den lästigen Pflichten des Dekurionats garantierte, aber gleichzeitig verfügte, daß Dekurionen selbst oder ihre kuriatspflichtigen Söhne keineswegs neu in den geistlichen Stand eintreten konnten, um den früheren Verpflichtungen zu entgehen. Wenn wir gleichzeitig davon hören, daß entweder nur Arme oder Leute ohne öffentliche Verpflichtungen in den geistlichen Stand aufgenommen werden durften oder in späterer Zeit, daß Grundbesitzer vorher ihr Vermögen an Kinder, Verwandte oder Arme abzugeben bzw. einen Ersatzmann für die Kurie zu stellen hatten, so wird eines klar: Das geregelte Steueraufkommen, wofür die an ihren Stand gebundenen Kurialen zuständig waren, war für die weltliche Seite wichtiger als ein ungeregelter Zugang zu den Priesterämtern, die durch eine mögliche Befreiung von den munizipalen Lasten naturgemäß eine attraktive Alternative darstellten. Das staatliche Interesse ließ es nicht zu, daß zu viele Angehörige solcher Schichten und Berufe in den geistlichen Stand eintraten, da sie für ein funktionierendes Abgabe- und Dienstleistungssystem unentbehrlich waren, wie es K. L. Noethlichs einmal formulierte. Jene scharfe,

---

sowie zur Wahrung der Heiligkeit von Kirche und Altar vgl. wiederum Franke, Das Kirchenasyl im Kontext sakraler Zufluchtsnahmen der Antike (wie Anm. 17), S. 262–436.

wenn auch von den späteren Kaisern nicht immer einheitlich durchgeführte Kontrolle einer solchen „Steueroase"
ist erneut ein Beweis, daß bei aller persönlichen Wertschätzung der kirchlichen Würdenträger und ihres geistlichen
Amtes und trotz aller Befreiungen von öffentlichen Lasten
das Gesetz des Handelns weiterhin in den Händen der
staatlichen Gewalt verblieb.[19] So läßt sich resümieren, daß
sich die weltliche Macht, die selbst christlich war, das organisierte Christentum in vielfacher Weise nutzbar machte,
soweit eine von beiden Seiten erstrebenswerte Wirkung
zu erwarten war, jedoch Nachteile zu Lasten des Staates
keineswegs tolerierte.

Diese allgemeine Feststellung, soweit sie die rechtliche
Sphäre betrifft, gilt auch für den *ökonomischen* Bereich,
natürlich in erster Linie soweit, als es sich um den seit Konstantin rasch anwachsenden Kirchenbesitz und die damit
verbundenen Möglichkeiten und Erwartungen handelte.
Die Grundlage dafür, daß die Kirche neben dem Herrscher-

---

[19] CodTheod 16, 2, 1 u. 2: Die Kleriker von allen staatlichen und
städtischen Pflichten entbunden. Ibid. 16, 2, 3–6: Zugangsbeschrän-
kungen für das geistliche Amt durch Konstantin. Weitere Gesetze z. B.
ibid. 16, 2, 9 (vom J. 349): Alle Kleriker frei von Munizipallasten,
nicht aber ihre Söhne – vermögenslose Kleriker können nicht zu den
munera curialia herangezogen werden. Ibid. 16, 2, 49 (vom J. 361):
Ein Bischof kann in keinem Fall zur Übergabe seines Besitztums an
die Kurie gezwungen werden. Ibid. 16, 2, 19 vom J. 370): Ein Kleriker
kann erst 10 Jahre nach seiner Weihe von *munera* der Kurie frei sein;
ibid. 16, 1, 115 (vom J. 386): Stellung eines Ersatzmanns usw.; hierzu
K. L. NOETHLICHS, Zur Einflußnahme des Staates auf die Entwicklung eines christlichen Klerikerstandes. Schicht- und berufsspezifische
Bestimmungen für den Klerus im 4. und 5. Jahrhundert in den spät-
antiken Rechtsquellen, JbAC 15 (1972), S. 136–153 und HÜBNER,
Immunitas (wie Anm. 7), Sp. 1115–1117; jetzt auch S. HÜBNER: Der
Klerus in der Gesellschaft des spätantiken Kleinasiens (wie Anm. 12),
S. 162–168 („Flucht vor Steuern und *munera*").

haus bald zur wohlhabendsten Institution in der Spätantike wurde, bildete ganz wesentlich das Gesetz vom Jahre 321, wodurch es ihr ganz allgemein gestattet wurde, Erbschaften anzunehmen. Hierzu trat zwei Jahre später im Besonderen das Besitztum verstorbener Kleriker, das den lokalen Kirchengemeinden ebenfalls übereignet wurde.[20] Daher war man in der Folgezeit von bischöflicher Seite sehr darauf bedacht, daß zahlreiche Stifter, insbesondere wohlhabende Witwen, zu ihrem Seelenheil große Vermögen der Kirche zukommen ließen. Diese Vermächtnisse wurden wiederum in großem Stil in Grundbesitz angelegt, so daß zwar noch Konstantin die Kirche generell von der Grundsteuer befreite (CodTheod 11, 1, 1), sein Sohn Constantius ihr aber nur noch die Freiheit von außergewöhnlichen Abgaben zubilligte (ibid. 16, 2, 15). Eine generelle Befreiung der Kirchendomänen, wie es die Synode von Ariminum im Jahre 359 verlangte, lehnte dieser Kaiser rigoros ab. Trotzdem konnte, um nur wenige Beispiele anzuführen, Johannes Chrysostomus in Konstantinopel große Hinterlassenschaften der reichen Senatorenwitwe Olympias entgegennehmen, die bereits von seinem Vorgänger zur Diakonissin geweiht worden war.[21] In Rom erhielten führende Kirchenleute zahlreiche

---

[20] CodTheod 16, 2, 4 u. 5; vgl. Euseb. vit. Const. II 35 f. über Erbschaften von Märtyrern aus diokletianischer Zeit. Nötig für die Wirksamkeit war die Ausstellung einer Urkunde, die Übergabe des Schenkungsobjekts vor Zeugen und die Einschaltung einer Behörde (CodTheod 8, 12, 1). Bereits 359/360 werden Kleriker als *possessores* (Besitzer) genannt (CodTheod 16, 2, 15). Vgl. hierzu F. M. HEICHELHEIM, Domäne, RAC 4 (1959), Sp. 59–68; H. WIELING, Grundbesitz I (rechtsgeschichtlich), RAC 12 (1983), Sp. 1193–1195 sowie P. LANDAU, Kirchengut, TRE 18 (1989), S. 560–564.
[21] Sozom. hist. eccl. VIII 9, 2–6. Pallad. dial. 16 u. a.; dazu W. ENSSLIN, Olympias, RE 18 (1939), nr. 10, Sp. 183–185 sowie W. MAYER, Constantinopolitan Women in Chrysostom's Circle, VChr

Stiftungen vornehmer Frauen aus der Oberschicht, und zwar in einem solchen Ausmaß, daß Kaiser Valentinian I. an Papst Damasus ein Reskript richtete, in welchem allen Klerikern verboten wurde, *sub praetextu religionis* (unter dem Vorwand der Religion) die Häuser von Witwen und Erbtöchtern zu betreten (CodTheod 16, 2, 10).

Schließlich sollte nicht vergessen werden, daß weiterhin die Konfiskation von Tempelschätzen und der Grund verlassener Tempel hinzukamen, auf dem häufig prächtige Kirchen zu entstehen pflegten. Der Weg hierfür verlief so, daß die ehemaligen Tempelbesitzungen, die bisher zu einem guten Teil von den städtischen Kurien verwaltet wurden, durch kaiserliche Verfügung an die regionale Kirchengemeinde überging.[22] Auch wenn es nicht zutrifft, wie Eusebius und Hieronymus glauben machen wollen, daß Konstantin Tempel in größerem Ausmaß zerstörte, um ihre Besitztümer der Kirche zuzuführen, so wird doch die Richtigkeit der Nachrichten über die Übereignung von Tempelgrundstücken mit den dazugehörigen Einkünften durch den Versuch Julians bestätigt, diese Maßnahmen

---

53 (1999), S. 264–288. Über die Befreiung der Kirche von *munera sordida et extraordinaria* (niedrige und außergewöhnliche Abgaben) seit Valentinian II. und Gratian (CodTheod 11, 16, 15) vgl. Klingenberg, Kirchengut (wie Anm. 2), Sp. 1093.

[22] Speziell zum Einzug von Tempeln durch Konstantin z. B. Euseb. vit. Const. III 54 u. 57; Jul. or. 7, 22; Anon. reb. bell. 2, 1; Lib. or. 62, 8 und allgemein D. Metzler, Ökonomische Aspekte des Religionswandels in der Spätantike. Die Enteignung der heidnischen Tempel seit Konstantin, Hephaistos 3 (1981), S. 27–40. Freilich ist hinzufügen, daß Konstantin und sein Sohn Constantius II. Tempelgüter nicht nur an die Kirche verschenkten, sondern auch an Günstlinge und Freunde, welche sie billig kaufen konnten. Der Historiker Ammian wirft Constantius II. vor, daß einige seiner Höflinge sich an dem Tempelraub geradezu gemästet hätten (XXII 4, 3).

noch einmal rückgängig zu machen. Dieser glaubte nämlich, dadurch den wirtschaftlichen Nerv der ihm verhaßten
Christengemeinden entscheidend zu treffen.[23] Bekanntlich
stellten die Nachfolger den ursprünglichen Zustand sogleich
wieder her.

Schließlich ist die unmittelbare Beteiligung der Kaiser
beim Bau von Kirchen, bei ihrer Ausstattung mit reichen
Schätzen und ihrer wirtschaftlichen Absicherung durch
reichlichen Grundbesitz in diesem Zusammenhang ein
zentraler Punkt. Als bestes Beispiel läßt sich hierfür die
Lateransbasilika in Rom anführen, in ihren Anfängen
unter dem Namen Basilica Constantiniana oder Salvatoris
bekannt, über deren vom Kaiser gespendeten Reichtum
wir durch den Liber Pontificalis gut unterrichtet sind.
Dieser Kirchenbau, der erste in der neuen, von Konstantin
selbst zusammen mit führenden Bischöfen entwickelten
basilikalen Architektur, wurde zusammen mit dem an-
grenzenden Baptisterium nicht nur im Innern prächtig
ausgestattet, sondern durch Schenkungen von Domänen
in Italien, Sardinien, Sizilien und nach der Niederwerfung
des Licinius auch durch Landgüter im Osten auf eine solide

---

[23] Euseb. vit. Const. III 53–58; Hieron. chron. zum J. 331 n. Chr.;
zu Julians Restitutionsedikt CodTheod 10, 3, 1: Rückgabe an die Vor-
eigentümer, Wiederherstellung der zerstörten oder umgebauten Tempel
auf Kirchenbesitz vgl. jetzt zusammenfassend A. Lippold, Iulianus I
(Kaiser), RAC 19 (2001), Sp. 454 und K. Bringmann, Kaiser Julian.
Der letzte heidnische Herrscher, Darmstadt 2004, S. 87f. Über die
Einzelheiten vgl. H.-U. Wiemer, Libanios und Julian. Studien zum
Verhältnis von Rhetorik und Politik im vierten Jahrhundert n. Chr.,
München 1995, S. 101–107 (z. B. S. 107: „Die Mehrzahl derjenigen
Immobilien, die die Städte unter Julian zurückerhielten, dürften von
Konstantin konfisziertes Eigentum von heidnischen Kultstätten gewe-
sen sein.").

ökonomische Basis gestellt.[24] Ähnliches wäre weiterhin von den landwirtschaftlich genutzten Kirchendomänen für die Patriarchen von Alexandrien, Antiochien und Konstantinopel zu sagen, welche durch immer neue Schenkungen späterer Kaiser eine tragfähige Grundlage bildeten.[25] Wenn in Rom und anderswo die Päpste mit den Kirchenbauten in großem Stil fortfahren konnten, dann deswegen, weil die Kaiser sich ihnen gegenüber stets äußerst freigebig erwiesen. Schon im Jahre 325 wurden dem Bischof von Jerusalem die

---

[24] Lib. Pont. I nr. 23, p. 172–175 DUCHESNE (dort auch die Angabe 13984 *solidi* über die Einnahmen von Hauptkirche und Baptisterium); vgl. dazu die Bemerkungen von Ch. PIETRI, Euergétisme et richesses ecclésiastiques dans l'Italie du IVe à la fin du Ve s.: L'exemple romain, Ktema 3 (1978), S. 317–337 (über die Zuverlässigkeit dieser Angaben) sowie R. P. DAVIS, The Book of Pontiffs (Liber Pontificalis), Liverpool / Oxford 1989, XIX–XXI u. nr. 34, p. 14–18. Über die „Erfindung des christlichen Kultbaus durch Konstantin" (zusammen mit den Bischöfen) vgl. R. KLEIN, Das Kirchenbauverständnis Constantins d. Gr. in Rom und in den östlichen Provinzen, in: Das antike Rom und der Osten, Festschrift für Klaus Parlasca, hrsgg. v. Chr. BÖRKER u. M. DONDERER, Erlangen 1990, S. 77–101 und jetzt K. L. NOETHLICHS, Baurecht und Religionspolitik: Vorchristlicher und christlicher Städtebau der römischen Kaiserzeit im Lichte weltlicher und kirchlicher Rechtsvorschriften, in: Die spätantike Stadt und ihre Christianisierung, Symposion Halle / Saale 2000, hrsgg. v. G. BRANDS u. H.- G. SEVERIN, Wiesbaden 2003, S. 188.

[25] Der zunehmende Reichtum der Kirche Alexandriens zeigt sich z. B. daran, daß der arianische Bischof Georgius (357–361) Nitronbesitzungen, Salinen, Papyrus- und Schilfrohrpflanzungen, ja selbst seine Aufsicht über das Bestattungswesen einsetzte, um sich im Kampf gegen seinen Widersacher Athanasius zu behaupten (Epiph. haer. 76, 1, 4–6). Dazu jetzt J. HAHN, Gewalt und religiöser Konflikt zwischen Christen, Heiden und Juden im Osten des Römischen Reiches (von Konstantin bis Theodosius II.), Klio Beih. N. F. Bd. 8, Berlin 2004, S. 42; 70 f. Im 6. Jh. betrieb die alexandrinische Kirche weitreichenden Getreidehandel zur See; vgl. hierzu R. BOGAERT, Geld (Geldwirtschaft), RAC 9 (1976), Sp. 868 f.

heiligen Stätten der Stadt und weiterhin in ganz Palästina das zugehörige Gemeindeland übereignet, wo sehr früh bedeutende Gotteshäuser entstanden. Bekanntlich haben Helena, von ihrem Sohn mit reichen Finanzmitteln ausgestattet, und die kaiserliche Schwiegermutter Eutropia damit bereits den Anfang gemacht und in Jerusalem, Bethlehem und Mamre zum Kirchenbau entscheidend beigetragen.[26] In Fortsetzung hierzu wäre etwa auf die segensreiche Tätigkeit der Kaiserin Eudokia, der frommen und hochgebildeten Gattin des oströmischen Herrschers Theodosius II., zu verweisen, die während ihrer beiden Aufenthalte im Heiligen Land nicht nur die dort bereits bestehenden Kirchen mit reichen Gaben schmückte und die Einkünfte vermehrte, sondern auch neue erbauen ließ, an erster Stelle das ehrwürdige Gotteshaus für den frühen Märtyrer Stephanus, in dem sie auch bestattet wurde.[27] Als westliches Pendant wären neben Italien die gallischen Provinzen zu nennen, wo sich die Kirchen von Arles, Vienne, Narbonne und vor allen anderen Marseille durch ungeheueren Reichtum aus-

---

[26] Die wesentlichen Nachrichten hierzu verdanken wir der Vita Constantini des Eusebius III 41–45 (Reise Helenas ins Heilige Land) u. III 52 f. (Eingreifen Eutropias an der Eiche von Mamre); vgl. hierzu R. Klein, Die Entwicklung der christlichen Palästinawallfahrt in konstantinischer Zeit, in: Roma versa per aevum. Ausgewählte Schriften zur heidnischen und christlichen Spätantike, hrsgg. v. R. von Haehling u. K. Scherberich. Spudasmata, Bd. 74, Hildesheim 1999, S. 156–204.

[27] Über das segensreiche Wirken der Kaiserin Eudokia (Athenais) bes. Euagr. hist. eccl. I 20–22 sowie H.-G. Beck, Eudokia, RAC 6 (1966), Sp. 844–847 sowie E. D. Hunt, Holy Land Pilgrimage in the Later Roman Empire AD 312–460, Oxford ²1998, S. 229–243. In Rom stiftete die gleiche Kaiserin die berühmte Kirche S. Pietro in Vincoli; vgl. E. Livrea, L'imperatrice Eudocia e Roma, ByzZ 91 (1998), S. 70–91.

zeichneten, den sie durch kluge Bewirtschaftung der ihnen zugefallenen Ländereien erwarben.[28]

Liegen die wirtschaftlichen Vorteile dieser kaiserlichen Gnadenerweise auf der Hand, so gilt es gleichfalls das Interesse der christlichen Herrscher an einer prachtvollen Repräsentationsarchitektur als Zeichen imperialer Machtfülle einzubeziehen, wie es die aufgrund eines Gelöbnisses errichteten Tempel früherer Zeiten waren. Die Kirchen waren nunmehr ein sichtbares Bekenntnis Konstantins zu Christus als dem Schlachtenhelfer gegen den zum Christenfeind hochstilisierten Maxentius vom Jahre 312, so wie bereits Augustus den palatinischen Apollotempel als Dank für die siegreiche Schlacht von Aktium gestiftet hatte.[29] Hält man sich hierbei den entscheidenden Grundsatz der altrömischen Staatsreligion vor Augen, daß vornehmlich das Wohlwollen der Himmlischen den Fortbestand des Staates sichert, so läßt sich die Baupolitik der christlichen Herrscher und ihre diesbezügliche Freigebigkeit an die Kirchengemeinden zu einem Gutteil noch aus dieser heidnischen

---

[28] Hierzu (bes. nach dem Zeugnis des Apollinaris Sidonius) zusammenfassend É. Demougeot, Gallia I (B: Christlich), RAC 8 (1972), Sp. 891–925 und L. Pietri, Die großen missionarischen Kirchen – II. Gallien, in: Die Geschichte des Christentums. Religion – Politik – Kultur, Bd. 2: Das Entstehen der einen Christenheit (250–430), hrsgg. v. Ch. u. L. Pietri, Freiburg / Br. 1996, S. 958–979.

[29] Mon. Ancyr. 4, 1; Suet. Aug. 29, 1. Zu erinnern wäre auch an den Bau des gewaltigen Sol Invictus-Tempels in Rom durch Aurelian nach dem Sieg über Zenobia bei Emesa im Jahre 272; dazu hist. Aug. Aur. 1,3; 25, 6 u. ö. Aur. Vict. Caes. 37, 7; Eutr. 9, 15 und G. H. Halsberghe, The Cult of Sol Invictus, Leiden 1972, S. 155–161 sowie St. Berrens, Sonnenkult und Kaisertum von den Severern bis zu Constantin I. (193–537) n. Chr., Wiesbaden 2004, S. 89–125.

Wurzel erklären, die nunmehr eine Fortsetzung mit anderen Vorzeichen erlebte.[30]

Was die Verwaltung des kirchlichen Grundbesitzes betrifft, so überrascht es nicht, daß die Kaiser ihre Aufsichtspflicht sorgfältig wahrnahmen, was ihnen bei den Besitztümern der weltlichen *potentes* (Machthaber) immer weniger gelang. Die Amtsführung der Bischöfe war in wirtschaftlicher Hinsicht genau geregelt, was bei Mißbrauch bis zu ihrer Amtsenthebung führen konnte. In dieser Absicherung ist ein ganz wesentlicher Grund zu suchen, da die Nachfolger Konstantins sich nicht weniger freigebig zeigten als der erste christliche Kaiser. Die Verwaltung und der Abschluß von Rechtsgeschäften oblagen einem ebenfalls dem geistlichen Stand entstammenden Ökonom, für dessen Bestellung der Bischof zuständig war. Dessen Zustimmung bedurfte dieser beim Abschluß länger dauernder Pachtgeschäfte und zur Aufnahme von Hypotheken. Eine Veräußerung war staatlicherseits allein zur Unterstützung der Armen gestattet, auch bestand ein strenges Verpfändungsverbot. Wurden mehrere Güter zusammengefaßt, so die spätere Entwicklung, wurden sie einem aus den dort arbeitenden Kolonen ausgewählten *conductor* (Pächter) unterstellt, der bei den Bauern seines Bezirks die Steuer für den Staat sowie den Pachtzins und weitere Abgaben für die Kirche einzutreiben hatte. Es bedarf keiner weiteren Begründung, daß die Privilegien, welche den weltlichen Grundherrschaften zustanden, auch für die Kirche gesichert waren, so die steuerliche Eximierung

---

[30] Vgl. dazu etwa U. Süssenbach, Christuskult und kaiserliche Baupolitik bei Konstantin, Bonn 1977, S. 83–90 u. 108–112 sowie H. Brandenburg, Kirchenbau I: Der frühchristliche Kirchenbau, TRE 18 (1990), S. 421–442. Allgemein dazu S. Mitchell, Imperial Building in the Eastern Roman Provinces, HSPh 81 (1987), bes. S. 343–350.

von Städten und die Gerichtsbarkeit über die Kolonen,
falls es bei einer Eigenbewirtschaftung durch diese und
durch Sklaven blieb und nicht eine langdauernde Erbpacht
(Emphyteuse) vorgezogen wurde, was seit Justinian möglich
und in Italien unter Papst Gregor weitgehend üblich war.
Die Befreiung galt auch für außergewöhnliche Abgaben und
Liturgien, die Grundsteuer mußte jedoch, wie angedeutet,
bereits seit Constantius II. entrichtet werden. Ein juristisch
gebildeter *defensor ecclesiae* (Kirchenanwalt), welcher die
Interessen der Kirche gegen Ansprüche von außen vertrat,
konnte dem bereits genannten staatlich bestellten *defensor
civitatis* (Verteidiger der Stadt) an die Seite gestellt werden.[31]
Somit bleibt aufs Ganze gesehen festzuhalten: Beginnend

---

[31] CodTheod 9, 45, 3 (vom J. 398) und 5, 3, 1 (vom J. 534) u.ö.;
zur Bestellung bzw. zu den Aufgaben eines *oeconomus* (Verwalter),
seinen Rechten vor Gericht usw. CodIust 1, 2, 14 (vom Jahr 470):
Keine Veräußerung von Kirchenvermögen usw.; zu allem Weiteren,
insbesondere zu den *conductores* auf den Kirchendomänen zur Zeit
Gregors d. Gr., den Nachfolgern der *publicani* (Generalpächter) und
anderer Pächterunternehmer der Republik und Prinzipatszeit, die man
zumeist aus dem Kreis der *coloni* (Bauern) nahm, vgl. HEICHELHEIM,
Domäne (wie Anm. 17), Sp. 67–80 und WIELING, Grundbesitz I (wie
Anm. 20), Sp. 1194. Zur Bestellung eines *defensor ecclesiae* („Kirchen-
anwalts") und seinen Aufgaben (seit 407 bezeugt) vgl. B. FISCHER, Defensor ecclesiae, RAC 3 (1957), Sp. 656 f. und G. W. BOWERSOCK / P.
BROWN / O. GRABAR (eds.), Late Antiquity. A Guide to the Postclassical
World, Cambridge, Mass.–London 1999, 405 f. Über das dem Bischof
zur Verfügung stehende Personal und die Bereiche seines Einflusses in
der Stadt bes. im Osten jetzt sehr übersichtlich C. SOTINEL, Le per-
sonnel épiscopal. Enquête sur la puissance de l'évêque dans la cité, in:
È. REBILLARD et C. SOTINEL (éds.), L'évêque dans la cité du IVᵉ au Vᵉ
siècle. Image et autorité. Actes de la table ronde organisée par l'Istituto
patristico Augustinianum et l'École francaise de Rome (Rome, Iᵉʳ et 2
décembre 1995), École Francaise de Rome 1998, S. 105–126 (Büro mit
notarii und *defensores* [Notare und Anwälte], Diplomatie, Bauwerke,
Verwaltung des Patrimoniums usw.).

mit der Zeit Konstantins entwickelten sich die Kirchen zu Großgrundbesitzern mit eigenen Kolonen und Sklaven und damit zu einem wichtigen Wirtschaftsfaktor, woran die Kaiser ihr gesteigertes Interesse bekundeten, da sie diese wesentlich leichter kontrollieren konnten.[32]

Schließlich gilt es im Rahmen der Privilegierung der Kirche die *soziale* Seite, konkret gesprochen die karitativen Aufgaben der Bischöfe, näher zu betrachten, soweit sie auf Veranlassung oder zumindest in Abstimmung mit der staatlichen Macht erfolgten und damit das Bischofsamt bis zu einem gewissen Grad als Fortsetzung des Wirkens früherer heidnischer Wohltäter und Stadtpatrone verstanden werden kann.[33] Gewiß hatten auch die angeführten recht-

---

[32] Über die entstehende Patroziniumsbewegung mit der Herauslösung ganzer Bevölkerungsdistrikte und wohl auch reicher Stadtgemeinden aus der staatlichen Abgabenpflicht, bezeugt vor allem von Salvian, gub. V 35–46, beginnend wohl schon im 4. Jh., vgl. G. ALFÖLDY, Römische Sozialgeschichte, Wiesbaden [2]1984, S. 176–179 und A. DEMANDT, Die Spätantike. Römische Geschichte von Diocletian bis Justinian 284–565 n. Chr. (wie Anm. 5), S. 333–335; sehr zurückhaltend für das 4. und 5. Jh. J.-U. KRAUSE, Spätantike Patronatsformen im Westen des Römischen Reiches, München 1987, S. 233–283.

[33] Hierüber zusammenfassend B. KÖTTING, Euergetes, RAC 6 (1966), Sp. 858 und J.-M. SALAMITO, Christianisierung und Neuordnung des gesellschaftlichen Lebens (wie Anm. 28), S. 794 f. Ausführlich St. REBENICH, Viri nobiles, viri diserti, viri locupletes. Von der heidnischen zur christlichen Patronage im vierten Jahrhundert, in: A. DÖRFLER-DIRKEN, W. KINZIG, M. VINZENT (Hrsg.), Christen und Nichtchristen in Spätantike, Neuzeit und Gegenwart. Beginn und Ende des konstantinischen Zeitalters. Internationales Kolloquium aus Anlaß des 65. Geburtstags von Prof. Dr. Adolf Martin Ritter, Mandelbachtal / Cambridge 2001, S. 61–80 und G. O. KIRNER, Apostolat und Patronage (I). Methodischer Teil und Forschungsdiskussion, ZAC 6 (2002), S. 3–37. Speziell mit dem Blick auf das Stiftungswesen spricht Chr. WITSCHEL im 5. / 6. Jh. ebenfalls von einer „entscheidenden Verschiebung hin zu einer neuen Form der Munifizenz, nämlich einer

lichen Funktionen den Charakter von Hilfe und Schutz, aber mit der konkreten Unterstützung für die notleidenden Unterschichten dürfte wiederum eine ganz wesentliche Interessengemeinschaft zwischen weltlicher und geistlicher Macht angesprochen sein. Für die Christen war die in der Heiligen Schrift verankerte, seit der Frühzeit gelebte Gottes- und Bruderliebe ohne nationale und politische Voreingenommenheit das zentrale Merkmal der eigenen Glaubwürdigkeit, für Konstantin und seine Nachfolger im Kaiseramt war die im vierten Jahrhundert sich beschleunigende soziale Zerrüttung und Verarmung, vornehmlich die wirtschaftliche Not in den größeren Städten, ein wesentliches Stimulans, die kirchliche Organisation auch in diesem Bereich für ihre Ziele zu gewinnen. Dies geschah nicht zuletzt deswegen, weil der erste christliche Herrscher klar gesehen haben dürfte, daß auch die Leitung der kirchlichen Armenpflege seit langem in der Hand tatkräftiger Bischöfe und Diakone lag, denen die Hilfe für Witwen und Waisen, Arme, Fremde und Gefangene zufiel.[34]

---

christlich ausgerichteten" (Krise – Rezession – Stagnation? Der Westen des römischen Reiches im 3. Jahrhundert n. Chr., Frankfurt / M. 1999, S. 144).

[34] Über die christliche Liebestätigkeit, insbesondere die Unterstützung der Armen in der Zeit vor Konstantin in den einzelnen Gemeinden, vgl. am konkreten Beispiel G. Schöllgen, Ecclesia sordida? Zur Frage der sozialen Schichtung frühchristlicher Gemeinden am Beispiel Karthagos zur Zeit Tertullians, JbAC Ergbd. 12, Münster 1984, S. 259–266; 299–311. Auf die früh einsetzende Übernahme von Funktionen, welche die paganen Patrone mit allen damit zusammenhängenden ökonomischen Konsequenzen besaßen, durch die Bischöfe, verweist St. Rebenich, Viri nobiles, viri diserti, viri locupletes (wie Anm. 33), bes. S. 62–67 (wo auch die Heiligen als himmlische Fürsprecher einbezogen werden).

Was die Form der Hilfe betrifft, welche die Kaiser den Bischöfen für die Ausübung der christlichen *caritas* (Nächstenliebe) zugedacht hatten, so ist noch einmal daran zu erinnern, daß es in heidnischer Zeit eine gezielte und kontinuierliche Unterstützung bedürftiger Menschen und Schichten nicht gegeben hat. Der Ersatz für die nicht vorhandene staatliche Sozialpolitik war die *liberalitas principis* (Freigebigkeit des Kaisers), aber eben nur als persönliche Eigenschaft des *princeps*, die in ihren Möglichkeiten in der Regel an die moralische Qualität des einzelnen gebunden war, mochte sie auch in der Form der *congiaria* (Sachspenden) an das Volk von Rom oder der *donativa* (Geldspenden) an die Soldaten, aber auch als Steuererlaß und Katastrophenhilfe breitere Schichten erreichen und der in der stoischen Herrscherethik beheimatete Gedanke einer *munificentia* (Wohltätigkeit) für das gesamte Menschengeschlecht lebendig gewesen sein. In dieser Tradition bewegen sich auch Konstantin und seine Nachfolger, die etwa Geldmittel verarmten Mitgliedern der Oberschicht zukommen ließen und ihre Freigebigkeit für den Bau von Kirchen in der Weise verwendet wissen wollten, wie die Vorgänger bei der Errichtung oder Restaurierung von Tempeln. Wenn allerdings Eusebius die Initiative Konstantins auf Arme und Bedürftige, Witwen und Waisen ausgedehnt sehen möchte, so wird hier die frühere *liberalitas* umgeformt und in die Nähe der christlichen *misericordia* (Mitleid) gerückt, wie dies bereits bei Laktanz zu beobachten war. Da es aber auch für die christlichen Kaiser keine Möglichkeit gab, ihre Spenden fest installierten staatlichen Einrichtungen zukommen zu lassen – denn es gab sie nicht –, kann damit allein die Bereitschaft gemeint sein, christliche Bischöfe in der Form zu unterstützen, daß der Kirche als Institution vor allem das Recht zugestanden wurde, Erbschaften und speziell Testate verstorbener Kle-

riker anzunehmen.[35] Man kann in diesem Fall zwar nicht
direkt von einer staatlichen Dimension sprechen, wohl
aber von einer wohlwollenden staatlichen Begleitungsmaß-
nahme der bischöflichen Aktivitäten, welche die rasch ent-
stehenden sozialen Hilfen und Einrichtungen großen Stils
förderte beziehungsweise erst ermöglichte. Jedoch auch hier
ist ein regulierendes Eingreifen der staatlichen Macht nicht
zu übersehen. Schon das erwähnte Veräußerungsverbot
kirchlicher Besitztümer hat gezeigt, worauf das wesentliche
Bestreben des Staates bei der Mithilfe der geistlichen Seite
gerichtet war. Die im konkreten Einzelfall den machtvollen
Bischöfen Alexandrias übertragene Brotverteilung konnte
übrigens rasch zu Mißbrauch und Eigennutz führen, was
ein rigoroses Einschreiten des Staates zur Folge hatte, wie
das Vorgehen gegen eben jenen alexandrinischen Bischof
Athanasius anschaulich belegt, der angeblich das Auslaufen
der Flotte, die Konstantinopel mit Getreide versorgte, aus
dem Hafen seiner Bischofsstadt verhinderte.[36]

---

[35] Eine gute Information bietet die Schlußbetrachtung von H.
KLOFT, Liberalitas principis. Herkunft und Bedeutung. Studien zur
Prinzipatsideologie. Kölner Historische Abhandlungen, Bd. 18, Köln
1970, S. 178–182 (dort auch das Zitat aus Laktanz, div. inst. 3, 23,
6). Zu den Gesetzen über die Erbschaften in den Jahren 321 und 323
vgl. o. Anm. 20. Sehr zurückhaltend über die pastoral-karitativen Aufgaben der Bischöfe jetzt E. WIPSZYCKA, La sovvenzione costantiniana
in favore del clero, RAL 8 (1997), S. 483–498 (besonderes Ziel: Ehrung
als kirchliche Prestigepersonen, Kontrolle der Massen in den Städten.
Dennoch spricht auch sie von Hilfen Konstantins für Witwen und
Waisen).

[36] Athan. apol. contr. Ar. 9, 3 f.; 87, 1 f. (Vorwurf: Gefährdung der
Getreideversorgung Konstantinopels, daher Verbannung durch den
Kaiser nach Trier); vgl. dazu MARKSCHIES, Die politische Dimension
des Bischofsamtes im 4. Jh. (wie Anm. 9), S. 464 f. und T. D. BARNES,
Athanasius and Constantius. Theology and Politics in the Constan-
tinian Empire, Cambridge / London 1993, S. 178 f. und kurz jetzt P.

Ein weiterer Bereich war die Gefangenenbetreuung, die von staatlicher Seite rechtlich abgesichert wurde. War es zum Beispiel ein stetes Anliegen der Kaiser in dieser Zeit, die harte Behandlung der Gefangenen und die üblen Zustände in den Gefängnissen zu verbessern, wie eine Reihe von Kaiserkonstitutionen bezeugt, so wird es verständlich, daß nunmehr die Aufsichtspflicht über das Gefängnispersonal in zunehmendem Maße den Bischöfen übertragen wurde, da doch ein wesentliches Kennzeichen des Christentums darin lag, das Gebot der *caritas* und *humanitas* (Nächstenliebe und Mitmenschlichkeit) zu üben.[37] Bei Justinian steht die Gefangenenbetreuung sogar an vorderster Stelle bischöflicher Assistenz, konkret zweimal ein wöchentlicher Besuch bei den Eingekerkerten und eine Beaufsichtigung der staatlichen Behörden, die bis zur ständigen Kontrolle der Statthalter reichte. Dazu kamen eine besondere Behandlung der Verbannten und Frauen, die überhaupt nicht in ein Gefängnis gesperrt werden sollten, sowie eine Amnestie am Osterfest, das deshalb als christliches *mysterium redemptionis*

Barcelo, Constantius II. und seine Zeit, Stuttgart 2004, S. 66. Die Übertragung der Brotversorgung an die alexandrinischen Bischöfe geht aus Athan. apol. contr. Ar. 18, 2 ff. hervor (Vorwurf des Mißbrauchs). Zur bischöflichen Fürsorge im besonderen vgl. Brown, Poverty and Leadership in the Later Roman Empire, Hannover–London 2002, S. 27 f.

[37] Zu den zahlreichen Gesetzen der Kaiser, die sich ebenfalls um eine Verbesserung der Gefängnisse bemühten, vgl. z.B. CodIust 7, 62, 12 u. 9, 4, 1 f.: *Carcer* ein *immensus cruciatus* (ungeheure Qual); CodTheod 9, 3, 7 (von 409): Gesetzliche Erleichterungen; erstmals Überwachung eines Statthalters durch einen Bischof (damit das Aufsichtspersonal die Gefangenen menschlich behandelt); vgl. dazu C. Colpe, Gefangenschaft, RAC 9 (1976), Sp. 342 f.; Noethlichs, Materialien zum Bischofsbild aus den spätantiken Rechtsquellen (wie Anm. 10), S. 40 und J. H. W. G. Liebeschuetz, Decline and Fall of the Roman City, Oxford 2001, S. 151 f.

(Geheimnis der Erlösung) definiert wurde.[38] Weiterhin galt, daß vom Kaiser erwartet wurde, wenn eine Übereignung von einstigem Tempelgut an die Kirche erfolgte, daß die Bischöfe einen Teil davon für die gesamtkirchliche Armen- und Krankenpflege verwendeten,[39] ebenso wie übrigens bei den Klöstern Ägyptens, wo die landwirtschaftlich erarbeiteten Überschüsse sowie die aus der Handarbeit der Mönche gewonnenen Erträge neben der notwendigen eigenen Kapitalanlage für den gleichen außerklösterlichen Zweck eingesetzt werden mußten.[40] Im einzelnen gibt es auch eine

---

[38] Die Amnestie am Osterfest begann bereits Ende des 4. Jh. (CodTheod 9, 38, 3–8); zum wöchentlichen Besuch der Gefängnisse am Mittwoch und Freitag und zu den Bemühungen um die Vermeidung eines Gefängnisaufenthalts für Verbannte vgl. CodIust 9, 47, 26 (vom J. 529); vgl. auch 1, 4, 9; 1, 4, 22; 9, 5, 2. Dazu ausführlich J.-U. KRAUSE, Gefängnisse im Römischen Reich, Stuttgart 1996, S. 316–344 (Spätantike) und neuerdings C. RAPP, Holy Bishops in Late Antiquity. The Nature of Christian Leadership in an Age of Transition, Berkeley and Los Angeles, 2005, S. 226–232 („Care of prisoners – Care of captives").

[39] Die Armenunterstützung durch den Bischof formuliert deutlich constSirmond 13 (von 419): *Eam quoque sacerdoti concedimus facultatem, ut carceris ope miserationis aulas introeat, medicetur aegros, alat pauperes, consoletur insontes …* (Auch diese Möglichkeit eröffnen wir dem Bischof, daß er die Gefängnisbezirke kraft seines Mitgefühls betritt, die Kranken heilt, die Armen nährt, die Unschuldigen tröstet …); über die umfangreiche Zusammenarbeit von Staat und Kirche in der späteren Zeit vgl. z. B. H. KRUMPHOLZ, Über sozialstaatliche Aspekte in der Novellengesetzgebung Justinians, Diss. Bonn 1992, S. 26–51 („Fürsorge für Arme") und P. BROWN, Poverty and Leadership in the Later Roman Empire (wie Anm. 36) über den christlichen Bischof S. 1–44 („Lover of the Poor") u. S. 45–73 („Governor of the Poor").

[40] Über die bis zu 7000 sich handwerklich und landwirtschaftlich betätigenden Mönche Ägyptens, deren erarbeitete Gewinne nicht nur für die Bedürfnisse der Klostergemeinschaft, sondern auch für die Nöte der gesamtkirchlichen Armen- und Krankenpflege, Kindererziehung und Kapitalinvestierung in den Klosterbesitz eingesetzt wurden, vgl.

kaiserliche Kontrollfunktion für die Bischöfe, wenn Bürger
wohltätige Stiftungen zum Beispiel für die Speisung von
Armen begründeten, wobei Justinian sogar feste Fristen für
die Verwendung etwa einer Erbschaft einführte, die von
kirchlicher Seite zu überwachen waren, so zum Beispiel ein
Jahr für den Bau eines Hospitals. Auch die Verteilung der
finanziellen Mittel, die für Armenheime und Krankenhäuser
bestimmt waren, wurden in die Kompetenz des Bischofs
gelegt, der bei der Wahl der einzelnen Einrichtungen als
„Vater seiner Gläubigen" freie Hand bekam, aber selbst
hierbei einer strengen staatlichen Aufsicht unterworfen war,
was sich z. B. im Verbot äußerte, private Geldgeschäfte
zu betreiben oder seine Gemeinde für längere Zeit ohne
besonderen Grund zu verlassen.[41] Auf der gleichen Linie
liegt es, wenn bereits in einem Gesetz Constantius' II. den

---

wiederum HEICHELHEIM, Domäne (wie Anm. 20), Sp. 61 f. (dieser
spricht dort sogar – allerdings beschränkt auf Ägypten – von einer
„Wirtschaftsstiländerung von welthistorischer Bedeutung"). Dazu
auch H.-J. DREXHAGE, Handel I (geschichtlich) RAC 13 (1986),
Sp. 552–554 (er verweist bereits auf erste Verträge mit Händlern, auf
eigene Kamele als Transportmittel usw. in dieser frühen Zeit). Zur
wirtschaftlichen und sozialen Integration z. B. der pachomianischen
Klöster mit der Gauhauptstadt Panopolis vgl. Pallad. hist. Laus. 32,
9 und Ph. ROUSSEAU, Pachomius. The Making of a Community in
Fourth Century Egypt, Berkeley 1985, S. 82–90. Allerdings ist hier einschränkend zu betonen, daß in den großen und kleinen Mönchsregeln
des Basilius, die weitgehend im Reich gültig wurden, die Arbeitspflicht
für Mönche und Nonnen abgeschwächt wurde und die Nächstenliebe
auf die Innenwelt der Klöster beschränkt war.

[41] CodIust 1, 3, 45: Bau von Hospitälern aufgrund von Testamenten;
CodIust 1, 3, 48, 5: Geldmittel für Armenheime und Krankenhäuser
– die ärmsten Einrichtungen sollen in einer *civitas* Vorrang haben;
NovIust 123, 5, 6 u. a.: Keine Geschäfte betreiben oder weltliche Ämter
annehmen; NovIust 6, 2; 67, 3 (nach Serd. conc. cn. 11): Anwesen-
heitspflicht. Weitere Belege bei KRUMPHOLZ, Über sozialstaatliche
Aspekte in der Novellengesetzgebung Justinians (wie Anm. 39), bes.

übrigen Klerikern Steuerfreiheit zugesichert wurde, die für
ihren Lebensunterhalt ein Gewerbe betrieben, ebenso ihren
Frauen und Kindern, jedoch nur insoweit, als der erzielte
Gewinn den Armen zugute kam. Sie unterstanden dabei
weiterhin der weltlichen Gerichtsbarkeit und verloren bei
Übertretung dieser Bestimmung ihr Privileg.[42]

Ein ähnliches Eingreifen läßt sich auch im Westen beobachten, und zwar an mancherlei Äußerungen des Ost-
gotenherrschers Theoderich, allerdings weniger in Form
von gesetzlichen Maßnahmen als vielmehr in ernsthaften
Ermahnungen an die Bischöfe, ihre karitativen Aufgaben
ernst zu nehmen. So verfügt zum Beispiel der allmächtige
Minister Cassiodor, daß die Bischöfe den Witwen und
Waisen stets Trost gewähren sollten, aber bei ihrer frommen
Unterstützung die Gesetze nicht umgehen dürften, während
er dem Mailänder Bischof Datius die Erlaubnis erteilt, der
hungernden Bevölkerung Getreide zu einem Sonderpreis
zu verkaufen. Er möge aber dafür sorgen, daß dieses nicht
infolge Bestechlichkeit denen zukomme, die sich aus ihrem
eigenen Besitz ernähren könnten. Er wisse nämlich, daß
eine Wohltat durch heilige Männer ohne Betrug geschehe.
Worauf ein solches Vertrauen gründet, das kleidet der Minister in die eindringlichen Worte, die der geistlichen Seite
wahrhaftig ein gutes Zeugnis ausstellen: Es gehöre sich, so
meint er in diesem Zusammenhang, daß die Reinheit der

S. 29–43 und P. Brown, Macht und Rhetorik in der Spätantike. Der
Weg zu einem „christlichen Imperium", München 1995, S. 119 f.

[42] CodTheod 16, 2, 10 (von Konstantin?); ibid. 16, 2, 14 (von
Constantius II.); dazu Noethlichs, Zur Einflußnahme des Staates
auf die Entwicklung eines christlichen Klerikerstandes (wie Anm. 19),
S. 140 f. Daß Geistliche trotzdem weiterhin Handel trieben, beweist die
Tatsche, daß das Problem auf Synoden immer wieder behandelt wurde;
vgl. Drexhage, Handel I (wie Anm. 40), Sp. 546–552.

Priester die Spendenfreudigkeit in die Tat umsetze. In einem anderen Fall schreibt er einem Bischof namens Severus, daß niemand besser für die Rechtsgleichheit herangezogen werden könne als ein Priester, der aus Liebe zu Gerechtigkeit nicht nach Ansehen einer Person zu verteilen wisse und wegen seiner Liebe zu allen keinen Platz für Argwohn übrig lasse. Allerdings zeigt die Empörung Theoderichs über einen Bischof, der einen Teil des ihm als Vormund anvertrauten Erbguts für sich behielt, daß ein solches Vertrauen durchaus nicht immer berechtigt war.[43]

Gewiß, es ließen sich noch erheblich mehr praktische Bestimmungen beibringen, die alle auf das gleiche Ziel hinausliefen, die Bischöfe zur besseren Verwaltung des Riesenreiches in die staatliche Organisation wenn auch nur in quasi-magistratischer Funktion einzubinden oder sie in ihrem sozialen Wirken wenigstens tatkräftig zu fördern beziehungsweise durch die Bereitstellung von Mitteln für den Kirchenbau das kaiserliche Repräsentationsbedürfnis zu unterstützen. Allerdings lag trotz der weitgehenden Angleichung eine völlige Identität von Magistrat und Bischof

---

[43] Cassiod. var. 11,3,5: *Orfanis viduisque contra saevos impetus deo placita praestate solacia, ita tamen, ne quod accidit per nimiam pietatem, dum miseris subvenire quaeritis, locum legibus auferatis.* (Den Waisen und Witwen gebt gegen wütende Angriffe gottgefälligen Trost, doch so, daß es nicht aus zu großer Frömmigkeit dazu kommt, daß ihr, während ihr den Armen beizustehen sucht, die Gesetze aufhebt.); zu dem Auftrag für Datius vgl. var. 12, 27, 2: *Decet enim, ut munificentiam principalem sacerdotalis puritas exequatur* (Es ziemt sich nämlich, daß die bischöfliche Reinheit der kaiserlichen Freigebigkeit gleichkommt); zum Auftrag an Severus var. 2, 8; zur Empörung Theoderichs über den Bischof Petrus var. 3, 37, 1. Dazu B. Meyer-Flügel, Das Bild der ostgotisch-römischen Gesellschaft in Italien bei Cassiodor. Leben und Ethik von Römern und Germanen nach dem Ende des weströmischen Reiches, Bern 1992, S. 260–262.

nicht im Sinne der staatlichen Macht, auch nicht am Endpunkt dieser Entwicklung zu Zeiten Justinians.

Mochte auch der selbstlose Dienst eine noch so starke
Betonung erfahren, so erhebt sich demgegenüber doch die
Frage, ob die Übernahme politischer Ämter und Würden
nicht auch *Klagen* und *Kritik* im innerchristlichen Bereich hervorgerufen hat. Nur am Rande sei in diesem Zusammenhang das beinahe klassisch gewordene Diktum des
stolzen Donatistenbischofs Donat erwähnt, das dieser den
Abgesandten des Kaisers Constans entgegenhielt: *Quid est
imperatori cum ecclesia* (Was hat der Kaiser mit der Kirche
zu schaffen?); denn die Donatisten Nordafrikas verstanden
sich als Kirche der Reinen und Heiligen und grenzten sich
von den staatstreuen Katholiken scharf ab, so daß man
es mit einem Sonderfall zu tun hat. Die Ablehnung von
Geschenken und die Weigerung, die Gesandten des West-
kaisers auch nur zu empfangen, sollte im übrigen nicht von
dem aktuellen Anlaß getrennt werden, daß diese, das heißt
die Gesandten, durch ihre Teilnahme am katholischem
Gottesdienst und ihre Kontakte mit führenden Mitgliedern
der Großkirche ihre Sympathie für die Gegenseite bereits im
voraus deutlich bekundet hatten.[44]

Wesentlich ist vielmehr, nach Belegen dafür zu suchen,
ob den Bischöfen nicht selbst Bedenken erwuchsen über
die ihnen neu zugewachsenen Verpflichtungen. In der Tat
lassen sich solche bei der *episcopalis audientia* (bischöfliche
Gerichtsbarkeit) deutlich fassen, da gerade diese Aufgabe zu
ungeahnten Belastungen führte, welche geeignet waren, sie

---

[44] Opt. Milev. adv. Parmen. 3, 3; vgl. auch 7, 6; dazu E. L. Gras-
mück, Coercitio. Staat und Kirche im Donatistenstreit, Bonn 1964,
S. 112 f. und K. Baus / E. Ewig, Die Reichskirche nach Konstantin
d. Gr., 1. Halbbd: Die Kirche von Nikaia bis Chalkedon, in: Handbuch
der Kirchengeschichte II / 1, Freiburg / Br. 1985, S. 143–148.

von ihrer primären Aufgabe, der Verkündigung des Evangeliums, abzuhalten. So klagen zum Beispiel Ambrosius und Augustinus über die Last, welche mit dem Richteramt verbunden war, weil sie sich stets von einer großen Zahl rechtsuchender Menschen umringt sahen und gelegentlich selbst bei Rechtskundigen einen Rat einholen mußten, wie wir es zum Beispiel aus einem der von J. Divjak neu gefundenen Augustinusbriefe erfahren. Beinahe täglich hatten sie nach dem Gottesdienst langwierige Beschwerden der streitenden Parteien zu entscheiden.[45] Zudem verunsicherte der Rollenkonflikt zwischen seelsorglicher Zuwendung und juristischer Urteilsfindung sowohl die Richter wie auch die Hilfesuchenden, wie dies etwa Johannes Chrysostomus in einer eigenen Predigt mit dem Titel „*De sacerdotio*" (Über das Bischofsamt) eindringlich schildert. Ob ein Bischof sich einem solchen Konflikt immer zu entziehen vermochte

---

[45] Aug. epist. 24. Vgl. Divjak, wo sich der Bischof in einem komplizierten Fall von Kinderverkauf an einen *iuris consultus* (Rechtsgelehrter) namens Eustochius wendet; dazu L. Lepelley, Liberté, colonat et esclavage d'après la lettre 24[x]: La juridiction épiscopale „de liberali causa", in: Les lettres de saint Augustin découvertes par Johannes Divjak, Communications sept. 1982, Paris 1983, S. 329–342 und N. E. Lenski, Évidence for the audientia episcopalis on the New Letters of Augustine, in: R. W. Mathisen (ed.), Law, Society and Authority in Late Antiquity, Oxford 2001, S. 83–97. Allgemein dazu F. van der Meer, Augustin der Seelsorger. Leben und Wirken eines Kirchenvaters, Köln 1953, S. 270–284 und Markschies, Die politische Dimension des Bischofsamtes im 4. Jh. (wie Anm. 9), S. 456 f. Von einer Verpflichtung im Grunde gegen seinen Willen und den Grenzen, die zwischen der Autorität des Bischofs und der staatlichen Macht noch immer bestanden, spricht É. Rebillard, Augustin et le rituel épistolaire de l'élite sociale et culturelle de son temps. Élements pour une analyse processuelle des relations de l'évêque et de la cité dans l'antiquité tardive, in: Rebillard et Sotinel (éds.), L'évêque dans la cité du IVe au Ve siècle (wie Anm. 31), S. 127–152.

mit der gut gemeinten Mahnung, eher zu versöhnen als zu richten, erscheint doch mehr als fraglich. Ähnliche Zusammenstöße waren beim Asylrecht vorprogrammiert, da der Kaiser wiederholt die weitgehende Bereitschaft der Bischöfe und Äbte, den am Altar einer Kirche Zuflucht Suchenden Aufnahme und Straffreiheit zu gewähren, gesetzlich unterband.[46]

So erstaunt es nicht, wenn man jene praktische Ausrichtung des Bischofsamtes, auf die man bereits bei der Auswahl der Kandidaten nicht nur von kirchlicher, sondern auch von staatlicher Seite großen Wert legte, gelegentlich nicht nur als überaus lästigen Frondienst ansah, sondern geradezu über eine Entfremdung vom geistlichen Dienst Klage führte. Daher brandmarkt bereits Hilarius von Poitiers, der gegenüber dem Arianerkaiser Constantius II. wie kein zweiter für die Freiheit der Kirche gegen ein reichsweit aufgezwungenes Glaubenssymbol aufgetreten war, den bischöflichen Richterstuhl geradezu als *cathedra pestilentiae* (Seuchenthron); denn nunmehr fällten Männer, welche den Gesetzen der Kirche unterworfen seien, ihre Richtersprüche nach den Gesetzen des Forums. Augustinus wollte viel eher, wie er einmal bekennt, in den biblischen Büchern lesen als weltliche Rechtshändel anzuhören, die für ihn immer wieder zu echten Gewissensentscheidungen

---

[46] So mußte z. B. auch ein Bischof einen Straffälligen ins Gefängnis bringen, den er andererseits zu besuchen und für dessen Begnadigung er sich einzusetzen hatte; darüber Joh. Chrys. hom. de sacerd. 3, 14 f. (über die zahllosen Beschwerden); Greg. Nyss. vit. Greg. Thaum. (ed. Heil 30, 1); Aufruf zur Versöhnung bei Rufin. hist. mon. 16, 2, 7; Ambr. epist. 24, 4 u. a. Zum Kirchenasyl jetzt ausführlich G. Franke, Das Kirchenasyl im Kontext sakraler Zufluchtnahmen der Antike (wie Anm. 18), bes. S. 340–372 und Rapp, Holy Bishops in Late Antiquity (wie Anm. 38), S. 253–259.

wurden. Angesichts des großen Zulaufs und des Vertrauens der Menschen werden die Bischöfe wohl in seltenen Fällen eine richterliche Entscheidung wegen mangelnder Rechtskenntnis abgelehnt haben, wozu sich Ambrosius in einer schwierigen Erbsache einmal durchgerungen hatte.[47] Erhöhtes Ansehen und wachsender Einfluß taten bei den meisten jedoch ein Übriges, das neue Amt erstrebenswert zu machen, bei dem man auf einer erhöhten *cathedra* saß wie die weltlichen Kollegen. In ähnliche Gefahren gerieten insbesondere die Bischöfe durch ihr Schutz- und Patronatsamt, das sie als Nachfolger der heidnischen Stadtpatrone in immer stärkerem Maß übernahmen. Wiederum aus einem der neu gefundenen Augustinusbriefe ist eine schwierige Situation bekannt geworden, in die der Bischof von Hippo durch sein Eintreten für unschuldige Bewohner in seiner Gemeinde geriet. Diese wurden nämlich in nicht geringer Zahl von gewissenlosen galatischen Sklavenhändlern zusammengetrieben, um auf Schiffen nach Kleinasien transportiert zu werden. Als er sich für eine Gruppe seiner Bischofsgemeinde einsetzte, die in einer Selbsthilfeaktion diese Unglücklichen vor einem schlimmen Schicksal bewahrte, konnte er sich trotz seiner Berufung auf die geltende Rechts-

---

[47] Hil. Pict. tract. in ps. 1,1: *Beatus vir, qui … in cathedra pestilentiae non sedit* (Glücklich der Mann, der nicht auf dem Seuchenthron sitzt. Ibid. 1, 10: Gegensatz von *leges ecclesiae* und *leges fori* [Gesetze der Kirche und Gesetze des Forums]); kurz dazu Th. KLAUSER, Bischöfe auf dem Richterstuhl, JbAC 5 (1962), S. 172–174. Die Skepsis von NOETHLICHS, Materialien zum Bischofsbild aus den spätantiken Rechtsquellen (wie Anm. 10), S. 42, Anm. 9, der meint, daß diese Aussage nicht auf die *episcopalis audientia* zu beziehen sei, ist wohl unangebracht. Die Klagen Augustins bes. bei Possid. vit. Aug. 19, 1–6. Die Ablehnung eines Rechtsstreits bei Ambr. epist. 24 (eine ähnliche Empfehlung off. 2, 24).

lage allein durch Vermittlung einflußreicher Freunde gegen erhebliche Regreßforderungen durchsetzen.[48]

Nur am Rand seien die Verlockungen und moralischen Gefahren angesprochen, welche die Übernahme solcher Schutzverhältnisse, aber auch der Empfang von Wohltaten vornehmlich von reichen Damen für die Vertreter der Kirche nach sich ziehen konnten. Wie bereits angedeutet ging die kaiserliche Gesetzgebung gegen die Erbschleicherei von Klerikern vor, die unter dem Deckmantel der Religion das Vertrauen ihrer Patrone mißbrauchten, da die finanzielle Unterstützung oft nur zu einem Bruchteil die Schwachen und Bedürftigen erreichte. Bekanntlich pflegten römische Kleriker ihre Verbindungen zu einflußreichen Matronen derart intensiv, daß zum Beispiel dem Papst Damasus von seinen Gegnern der wenig schmeichelhafte Name *auriscalpius matronarum,* Ohrenbläser der Matronen, beigelegt wurde. Was wunder, daß der Staat stets ein wachsames Auge auf seine neuen geistlichen Helfer hatte und auch bei ihnen sich mit gesetzlichen Strafbestimmungen nicht zurückhielt.[49]

---

[48] Epist. 10 Divjak. Dazu vgl. J. Szidat, Zum Sklavenhandel in der Spätantike (Aug. epist. 10ˣ), Historia 34 (1985) S. 360–371 und R. Klein, Die Sklaverei in der Sicht der Bischöfe Ambrosius und Augustinus, Stuttgart 1988, S. 137–147.

[49] Der Vorwurf gegen Damasus in: coll. Avell. Nr. 1, 9 (dort auch das Zitat) und allgemein Hieron. comm. in Is. 2, 3, 12; epist. 22, 6, 3; 40, 2, 2 u. ö. Das bereits angesprochene Gesetz (CodTheod 16, 2, 20) erging wahrscheinlich unter dem Einfluß des Bischofs Ambrosius (s. epist. 13, 13 f.); weitere Gesetze CodTheod 16, 2, 27 u. 28. Allerdings stellte Kaiser Marcian im Jahre 455 die Rechtmäßigkeit der Vermächtnisse wohlhabender Witwen und Diakonissen ausdrücklich fest; vgl. Klingenberg, Kirchengut (wie Anm. 2), Sp. 1076 f. Skeptisch gegenüber den Vorwürfen gegen Damasus z. B. J. Fontaine, Un sobriquet perfide de Damase „matronarum auriscalpius", in: D. Porte / J. P. Néraudau (eds.), Hommage à H. LeBonniec, Brüssel

Eine ausführliche Gesetzgebung belegt, in welchem Maße sich der als weltliches und geistliches Oberhaupt seiner Untertanen verstehende Justinian die führenden Vertreter der Kirche nicht nur zur radikalen Durchsetzung eines einheitlichen katholischen Bekenntnisses benützte, sondern in immer stärkeren Maße für die Verwaltung des Staates einsetzte, so daß die Kirche im Osten, wie immer wieder beklagt wird, eine allzu enge Verbindung mit der staatlichen Macht einging, weswegen man gelegentlich glaubt, das Wort Caesaropapismus hier erstmals mit einem gewissen Recht anwenden zu dürfen.[50] Besser passt jedoch das Wort von K. L. Noethlichs von der Multifunktionalität der Bischöfe, deren moralische Autorität Justinian wie kein Herrscher vor ihm einzusetzen wußte, am deutlichsten bei der bischöflichen Aufsicht über weltliche Beamte.[51] Im Westen gelang es dagegen einerseits tatkräftigen Bischöfen wie etwa Ambrosius in der Auseinandersetzung mit Theodosius die Selbständigkeit der Kirche zu bewahren, andererseits übernahmen in der Folgezeit infolge eines schwächer werdenden

---

1988, S. 177–192, anders dagegen Rebenich, Viri nobiles, viri diserti, viri locupletes. Von der heidnischen zur christlichen Patronage im 4. Jh. (wie Anm. 33), S. 64–67.

[50] So z. B. Demandt: Die Spätantike. Römische Geschichte von Diocletian bis Justinian 284–565 n. Chr. (wie Anm. 5), S. 200, ablehnend dagegen neuerdings wieder M. Meier, Justinian. Herrschaft, Reich und Religion, München 2004, S. 87. Zu der langen Debatte über die Zulässigkeit dieses Begriffes vgl. etwa G. Dagron, Empereur et pretre. Étude sur le „Césaropapisme" byzantin, Paris 1996.

[51] So in: Justinianus I (Kaiser), RAC 19 (wie Anm. 14), Sp. 748 f. Über die Bischöfe als neue städtische Funktionärsschicht, die von Justinian in vielfältiger Weise zur Reichsverwaltung herangezogen wurden, mit weitgehender Annäherung, aber durchaus keiner Gleichsetzung mit den Zivilbeamten vgl. auch neben Mazal, Justinian I. und seine Zeit (wie Anm. 14), S. 287–292 wiederum Rapp: Holy Bishops in Late Antiquity (wie Anm. 38), S. 274–289.

und bald völlig verschwindenden Kaisertums tatkräftige
Päpste und Bischöfe die Funktionen der fehlenden staatlichen Ordnungsmacht.

Versucht man am *Ende* zu einer Bewertung dieser zwei-
hundertjährigen Entwicklung zu kommen, so ist jedenfalls
für die frühe Zeit eine differenziertere und vorsichtigere
Antwort zu geben als die, daß die Kirche mit ihrer Bereitschaft, dem Staat Aufgaben abzunehmen und allgemein
politisches Wohlverhalten zu predigen, ihre gottgewollte
Bestimmung aufgegeben habe, sich vorab um das Seelenheil
der Menschen zu kümmern. Zu Recht wurde dagegen einge-
wandt, daß die meisten verantwortungsvollen Bischöfe ihre
richterliche Tätigkeit eben nicht als ein Abweichen von ihrer
pastoralen Aufgabe verstanden, sondern als Teil des Dien-
stes, den sie den Menschen zu leisten hatten. Damit hätten
sie auch den Wünschen ihrer Gemeinden entsprochen,
denn von Widerstand sei bei deren Mitgliedern nichts zu
spüren.[52] Was beklagt wird, sind in der Tat Überbeanspru-
chung, Auswüchse und Gefahren, aber nicht die Tätigkeit
als solche. Ebenso lassen sich die Sklavenfreilassungen in der
Kirche – und diese häuften sich in der Folgezeit – als Weg
zu einer Verchristlichung und Humanisierung der Gesellschaft verstehen, wie es A. M. RITTER einmal formulierte,
wobei er nicht allein das soziale Angebot im Auge hatte,

---

[52] Schon für Ende des 4. Jahrhunderts ergibt sich die Beobachtung,
daß die bischöfliche Gerichtsbarkeit überall im Reich verbreitet ist. Die
Verpflichtung zur *aequitas* (Billigkeit) bewirkte, daß diese dem privaten
Schiedsrichter und dem zivilen Gericht vorgezogen wurden. Dies gilt
vor allem für die ärmere Bevölkerung, die unter den korrupten staatlichen Gerichten am meisten zu leiden hatte (vgl. z. B. Ambr. off. 2, 24;
Aug. en. in ps. 2, 25, 13), außerdem wurde der schleppende Gang der
staatlichen Gerichte beklagt (z. B. Aug. doctr. christ. 4, 18). Beispiele
zur freien Willensentscheidung beider Parteien für das Bischofsgericht
bei HERRMANN, Ecclesia in Re Publica (wie Anm. 2), S. 216–223.

dem sich die Bischöfe damals nicht entziehen zu dürfen glaubten.[53] Auch wenn sich dieser sittliche Einfluß auf die Gesellschaft in den Jahrhunderten der ausgehenden Antike und des beginnenden Mittelalters infolge der Gefahren von außen und der sozialen Gegensätze im Innern bei weitem nicht in dem erwünschten Maße einstellte, so ist doch festzuhalten: Beide Seiten verfolgten mit der Bekämpfung von Ungerechtigkeit, Unmoral und Korruption die gleiche Absicht, und so kam es gewiß nicht von ungefähr, daß beide Seiten in ehrlicher Überzeugung zur Verwirklichung dieser Absicht zusammenfanden, mochte auch jeweils das staatliche beziehungsweise das geistliche Interesse vorherrschend gewesen sein. Man hat zudem die Frage gestellt, ob der Staat damals im Chaos versunken wäre, wenn sich die Kirche verweigert hätte, als man auf ihre Hilfe zur Aufrechterhaltung der bestehenden Ordnung zurückgriff. Ohne Zweifel wäre die Situation schwieriger gewesen. Aber auch die Kirche dürfte ihre Chance, nämlich die rasche Ausbreitung des Christentums, von Beginn an im Auge gehabt haben, von den neuen Herausforderungen, die mit den Geboten der

---

[53] So bes. in der Studie: Zwischen „Gottesherrschaft" und „einfachem Leben". Dio Chrysostomus, Johannes Chrysostomus und das Problem der Humanisierung der Gesellschaft, JbAC 31 (1988), S. 137. Der Verf. spricht immer wieder von sozialer Gerechtigkeit bei der Eigentumskritik und der Gleichheit aller Menschen bes. hinsichtlich der Stellung der Frau und der Sklaven. Ähnlich MARKSCHIES, Die politische Dimension des Bischofsamtes im 4. Jh. (wie Anm. 9), S. 463, der ein Wort von F. VITTINGHOFF aufgreift über „die unübersehbare soziale Macht und damit die politische Größe der Bischöfe" (Staat, Kirche und Dynastie beim Tode Konstantins, in: ders., Civitas Romana, Stadt und politisch-soziale Integration im Imperium Romanum der Kaiserzeit, hrsg. von W. ECK, Stuttgart 1994, S. 425).

Heiligen Schrift gegeben waren, ganz zu schweigen.[54] Daß schließlich beide Seiten nicht ohne Aussicht auf Erfolg eine solche Zusammenarbeit anstrebten, dafür ist die rasche reichsweite Annahme des neuen Glaubens unter kirchlicher und kaiserlicher Führung wohl das sprechendste Zeugnis. Daß darin, sieht man auf das Ergebnis, ein ganz wesentlicher Grund zur Verchristlichung des Reiches zu suchen ist, daran lassen selbst Mißerfolge, Streit und Kritik in den beiden Jahrhunderten keine grundlegenden Zweifel aufkommen, zumal beide Seiten auf ihre Identität keineswegs verzichteten. Freilich der ausschlaggebende oder gar der einzige Grund für die rasche Annahme des christlichen Glaubens in kaum mehr als zweihundert Jahren ist diese weltlich-geistliche Symbiose sicherlich nicht gewesen.

---

[54] Vgl. hierzu die Gedanken von E. Dassmann, Kirchengeschichte II / 2. Theologie und innerkirchliches Leben bis zum Ausgang der Spätantike, Stuttgart 1999, S. 226 f. Vom Glauben an eine zu starke Einbeziehung der Bischöfe in die städtische Tagespolitik ist allerdings zu warnen. Die alleinige politische Führungsrolle übernahm der Bischof nur in Notfällen wie bei feindlichen Einfällen oder Hungersnöten oder dann, wenn niemand zur Verfügung stand (so z. B. Apollinaris Sidonius in Clermont); so sicherlich zu Recht Liebeschuetz, Decline and Fall of the Roman City (wie Anm. 37), S. 116; 144 f. und weiterhin L. Cracco Ruggini, „Vir Sanctus": il vescovo e il suo „pubblico ufficio sacro" nella città und weiterhin C. Leppeley, Le patronat épiscopal aux IVe et Ve siècles: continuités et ruptures avec le patronat classique, in: Rébillard et Sotinel (eds.): L'éveque dans la cité du IVe au Ve siècle (wie Anm. 31), S. 3–15 bzw. S. 17–33.

II Pagane *liberalitas* oder christliche *caritas*? – Konstantins Sorge für die Bevölkerung des Reiches

Eine häufig gestellte Frage in der Alten Geschichte lautet: Wie konnte sich das Christentum in der relativ kurzen Zeit seit der Duldung durch das Galeriusedikt im Jahre 311 so rasch durchsetzen, daß es nicht einmal hundert Jahre gedauert hat, bis es unter Theodosius dem Großen zur einzig anerkannten Religion im Staate wurde. Darauf werden bekanntlich seit langem ganz unterschiedliche Antworten gegeben. Neben der tatkräftigen Förderung durch die christlichen Herrscher wurde jedenfalls in früherer Zeit stets auf die Kraftlosigkeit des Heidentums verwiesen, das gegenüber der durch das Heilsversprechen einer Erlösergestalt beglaubigten *religio christiana* (christlichen Religion) chancenlos gewesen sei, aber auch auf manches andere mehr.[1] Eine wichtige Rolle spielt hierbei auch die um-

---

[1] Eine ausführliche Zusammenfassung der seit alters angegebenen Gründe bietet D. PRAET, Explaining the Christianization of the Roman Empire. Older Theories and Recent Developments, SE 33 (1992/3), S. 5–110 (mit beinahe 30 Erklärungsversuchen, die bisher in der Forschung diskutiert wurden bzw. noch immer diskutiert werden). Lediglich sieben Gründe, darunter allerdings nicht die Gunst der christlichen Kaiser, läßt Chr. MARKSCHIES gelten (Warum hat das Christentum in der Antike überlebt? Ein Beitrag zum Gespräch zwischen Kirchengeschichte und systematischer Theologie, Leipzig 2004, S. 44–56). Er nennt die persönliche Wirkung einzelner, die Wirkung auf einfache Menschen, eine ansprechende Theologie, Lebensschutz, Verzicht auf Vergeltung, den sozialdiakonischen Impuls sowie ein neues Einheitsgefühl. Zur christenfreundlichen Haltung der römischen

fassende karitative Tätigkeit einzelner Christen und der
Gemeinden insgesamt, die unter der Leitung tatkräftiger
Bischöfe standen und sich gerade dadurch großes Ansehen
erwarben. Dieses Argument besitzt, wie es scheint, auch deshalb ein um so größeres Gewicht, weil man sich dabei nicht
allein auf eine Fülle innerchristlicher Zeugnisse berufen
kann, sondern auf einen der entschiedensten Vertreter des
Heidentums selbst, der gerade diese Form der christlichen
Philanthropia nachahmen zu müssen glaubte, um seinen

Kaiser und ihrer konkreten Unterstützung vgl. K. L. Noethlichs,
Die gesetzgeberischen Maßnahmen der christlichen Kaiser des vierten
Jahrhunderts gegen Häretiker, Heiden und Juden, Diss. Köln 1971
und ders. (zeitlich darüber hinausgreifend Heidenverfolgung), RAC
14 (1986), S. 1149–1190. Ein wichtiger Vertreter für die These von
der Kraftlosigkeit des ausgehenden Heidentums war V. Schultze,
Geschichte des Untergangs des griechisch-römischen Heidentums,
2 Bde, Jena 1887/1892; vgl. auch J. Wytzes: Der letzte Kampf des
Heidentums in Rom, Leiden 1877, z. B. S. 118: „Man braucht das Er-
löschen des römischen Kultes nicht zu beklagen, er war zum Verschwin-
den verurteilt" und jetzt wieder E. Dassmann, Kirchengeschichte
II / 1: Konstantinische Wende und spätantike Reichskirche, Stuttgart
1996, S. 107: „Dennoch war die geistige Kraft des Heidentums in
ihrer Breitenwirkung gebrochen ... Den im Christentum wirksam
werdenden neuen Impulsen war es nicht mehr gewachsen. Der stärkere
Gegner rang den schwächeren nieder." Die Stärke des Heidentums und
sein Weiterleben im christlichen Gewand werden sicherlich zu einseitig
betont von R. MacMullen, Christianity and Paganism in the Fourth
to Eighth Centuries, New Haven, London 1997. Daneben werden
gerade in unserer Zeit Wandelbarkeit und Vielfalt der heidnischen
Kulte erkannt, z. B. von P. Chuvin, Chronique des derniers paiens.
La disparition du paganisme dans l'Empire romain, du règne de Constantin à celui de Justinien, Paris ²1991 und speziell für den Osten sehr
detailliert von F. R. Trombley, Hellenic Religion & Christianization
c. 370–529, 2 Bde, Leiden 1993/4. Einen informativen Überblick mit
bemerkenswerten Ergebnissen bietet jetzt H. Leppin, Zum Wandel des
spätantiken Heidentums, in: Millennium 1/2004. Jahrbuch zu Kultur
und Geschichte des ersten Jahrtausends n. Chr., S. 59–81.

paganen Restaurierungsversuch glaubwürdig erscheinen zu lassen. Aus den konkreten Maßnahmen, welche der Kaiser Julian eingeleitet hat, wird deutlich, daß die praktisch geübte Menschenfreundlichkeit gewissermaßen zu einem Kristallisationspunkt bei den heidnisch-christlichen Auseinandersetzungen geworden war, da sie von beiden Seiten als besonderes Charakteristikum beansprucht wurde.[2]

Will man nun erfahren, wie sich Konstantin, der erste christliche Kaiser, in dieser Frage verhielt, so gilt es zunächst in doppelter Weise zurückzublicken: Was waren die besonderen Kennzeichen der seit Anbeginn geübten christlichen *caritas* (Nächstenliebe) und zum andern, auf welche Weise unterschied sich davon die heidnische *liberalitas* (Freigebigkeit), die ein grundlegendes Kennzeichen vornehmlich der Herrscher seit Augustus gewesen ist.

Sieht man zunächst auf diese, so läßt sich erkennen, daß sie zum einen darin bestand, die Strenge der Gesetze durch milde Urteile zu lindern. Die clementia (Milde), seit alters ein wesentlicher Bestandteil des traditionellen Fürstenspiegels und im vierten Jahrhundert auch von den christlichen Herrschern übernommen, findet jedoch eine gleichwertige Ergänzung in der materiellen Fürsorge des Regenten für

---

[2] Hierzu neuerdings ausführlich K. Bringmann, Kaiser Julian. Der letzte heidnische Herrscher, Darmstadt 2004, S. 129–152 und K. Rosen, Julian: Kaiser, Gott und Christenhasser, Stuttgart 2006, bes. S. 296–303. Zur karitativen Tätigkeit der alten Kirche noch immer informativ, wenn auch zu einseitig G. Uhlhorn, Die christliche Liebestätigkeit in der alten Kirche, Stuttgart 1882; aus späterer Zeit wäre auf eine Reihe von informativen Lexikaartikeln zu verweisen, z. B. auf W. Schwer, Armenpflege, RAC 1 (1950), Sp. 689–698; ders. Barmherzigkeit, ibid. Sp. 1200–1207; H. Chadwick, Humanität, RAC 16 (1994), Sp. 695–710 und G. Klingenberg, Kirchengut, RAC 20 (2005), bes. Sp. 1053–1099 sowie auf die entsprechenden Abschnitte in den einzelnen Kirchengeschichten u. ä.

seine Untertanen, die ebenfalls im Idealbild des römischen
Princeps eine zentrale Rolle spielt. Hierher gehören im
einzelnen die schon von Caesar in großem Stil eingeführten
Getreidespenden an die bedürftige Bevölkerung Roms, des
weiteren die in der Kaiserzeit üblichen Donative an die
Soldaten sowie die Congiarien an die Bewohner Roms
nicht nur bei Regierungsantritt eines Kaisers sowie die
Gunsterweise bei Katastrophen etwa durch Ermäßigung
oder Erlaß von Steuerschulden, darüber hinaus auch die
Veranstaltung von Spielen und eine großzügige Baupolitik,
die zugleich ein Mittel zur Steigerung des eigenen Ansehens
darstellte. Nicht zu vergessen sind die seit Nerva üblichen
alimentationes (Unterhaltszahlungen) für elternlose Kinder
wie auch die verschiedenartigen materiellen Hilfen, welche
die Kaiser einzelnen Städten und ganzen Provinzen zukommen ließen.[3] So wird es verständlich, daß der Rhetor
Aelius Aristides in seiner denkwürdigen Romrede das glück-
liche Leben der Reichsbewohner deswegen in höchsten
Tönen preist, weil sie sich stets eines von Rom ausgehenden
Stroms von Wohltaten erfreuen können.[4] Verstärkt wurden

---

[3] Hierzu eingehend H. KLOFT, Liberalitas principis. Herkunft und
Bedeutung. Studien zur Prinzipatsideologie. Kölner Historische Abhandlungen, Bd. 18, Köln 1970, S. 46 f., 57–64 (zu Caesar), S. 86–96
(zu den *congiaria,* Sachspenden), S. 96–100 (zu den *alimentationes*)
S. 104–110 (zu den *donativa,* Geldgeschenken), S. 110–114 (zu den
Spielen), S. 115–118 (zur Baupolitik), S. 118–124 (zur Katastrophenhilfe). Zu den ideellen Grundlagen vgl. P. HADOT, Fürstenspiegel, RAC
8 (1972), Sp. 397–401 sowie G. DOWNEY, Philanthropia in Religion
and Statecraft in the Fourth Century after Christ, Historia 4 (1955),
S. 199–208.

[4] Or. 26, 98–100. Auch Plinius in seinem Panegyricus auf Trajan
rühmt, daß die Freigebigkeit der Herrscher über alle Grenzen hinaus-
reiche (3, 4; 25, 2; 27, 3; 33, 2 u. ö.). Ein Spiegel jener Wohltaten, die
sich auf die Befreiung von Steuern und Abgaben, auf repräsentative
Bauten u. ä. beziehen, sind die zahlreichen Ehreninschriften für Kaiser

solche Aktionen durch die Ausweitung des *liberalitas*-Ideals
zu einer aufgrund der stoischen Oikeiosis-Lehre ausgewei-
teten Verpflichtung für die gesamte Menschheit. Selbst die
Zurückführung auf eine göttliche Tugend hatte hier ihren
Platz, seit die platonische Nachahmung der Götter bei
Hadrian und Marc Aurel zu einem wesentlichen Motiv des
kaiserlichen *beneficium*-Denkens (Wohltat) geworden war.[5]
Aber bei aller segensreichen Auswirkung dürfen gleichzeitig
die Grenzen nicht übersehen werden. Unverkennbar ist
nämlich, daß die Armen dabei zwar keineswegs ausgeschlossen waren, aber von einer umfassenden Sozialpolitik, speziell
von einer Berücksichtigung der besonders Bedürftigen und
völlig Mittellosen, nicht gesprochen werden kann.[6] Da eine

---

und Provinzstatthalter; vgl. z. B. J. H. OLIVER, The Ruling Power.
A Study of the Roman Empire in the Second Century after Christ
through the Roman Oration of Aelius Aristides, TAPhS 43, 4 (1953),
S. 963–980.

[5] Bereits Theophrast hatte die Verwandtschaft aller Menschen auf
die gleiche Abstammung zurückgeführt; vgl. hierzu M. POHLENZ, Die
Stoa. Geschichte einer geistigen Bewegung, Göttingen [3]1964, Bd. 1,
S. 115 („Oikeiosis zum eigenen Ich und zu den Mitmenschen"); Bd. 2,
S. 65 f.

[6] Zwar werden z. B. bei Philostrat die δεόμενοι als Objekt kaiserli-
cher Fürsorge genannt (vit. Apoll. 5, 36), aber andererseits spielen bei
Cicero, Seneca und anderen die *mores* (Sitten) der Empfänger und die
Rückerstattung der *beneficia* (Wohltaten) eine große Rolle, was bei den
δεόμενοι (Bedürftigen) nicht möglich war. Belege bei J. KABIERSCH,
Untersuchungen zum Begriff der Philanthropia bei dem Kaiser Julian,
Wiesbaden 1960, S. 30 f. Vgl. jetzt auch M. PRELL, Sozialökonomische
Untersuchungen zur Armut im antiken Rom. Von den Gracchen bis
Kaiser Diokletian, Stuttgart 1997, S. 292: „Die Armen als soziale
Kategorie oder Objekte staatlicher Sozialpolitik wurden nicht gesehen";
ähnlich KLOFT, Liberalitas principis (wie Anm. 3), S. 174 f. und K.
THRAEDE, Soziales Verhalten und Wohlfahrtspflege in der griechisch–
römischen Antike (späte Republik und frühe Kaiserzeit), in: G. R.
SCHÄFER / Th. STROHM (Hrsgg.), Diakonie-biblische Grundlagen und

Verbindung zum Kult- und Sakralwesen nicht gegeben war,
sondern das staatliche Interesse stets im Mittelpunkt stand
und zudem die Aktionen an die moralische Qualität eines
Einzelnen, das heißt des regierenden Kaisers, gebunden
waren, war eine gezielte und kontinuierliche Unterstützung
der Angehörigen der untersten Schichten nicht gegeben.
Dasselbe gilt von den nicht zu unterschätzenden Aktivitäten
finanzkräftiger Privatpersonen, wozu Gastfreundschaft,
Gastgeschenke und kostenlose Bewirtungen gehören, die
sich allesamt gleichfalls nicht zu einer dauerhaften Einrichtung entwickelten, sieht man von den *collegia tenuiorum,*
den Kultverbänden und Begräbnisvereinen von Sklaven
und Freigelassenen mit ihren gemeinsamen Festen und der
Bestattung auf Kosten einer Stiftungskasse ab, zu der allerdings von jedem ein gewisser Beitrag zu entrichten war.[7]

Orientierungen. Ein Arbeitsbuch, Heidelberg [3]1998, S. 44–63 (S. 63
über das soziale Wirken der Kirche im 4. Jh.: „Hier erst kann von
‚Armenpflege' die Rede sein"). Zwar bringt I. WEILER, Zum Schicksal
der Witwen und Waisen bei den Völkern der Alten Welt. Materialien
für eine vergleichende Geschichtswissenschaft, Saeculum 31 (1980),
S. 157–193 eine Reihe von Einzelzeugnissen über soziale Maßnahmen
für diese Gruppen aus dem griechisch-römischen Bereich, aber das
Material reicht bei weitem nicht aus, um daraus eine durchgehende
Sozialpolitik abzuleiten.

    [7] Zur fehlenden Bindung an einen religiösen Hintergrund (im
Gegensatz zum Christentum; vgl. z. B. Lact. div. inst. 6, 10) z. B.
W. SCHWER, Barmherzigkeit (wie Anm. 2), Sp. 1203–1208 und zusammenfassend H. BOLKESTEIN, Wohltätigkeit und Armenpflege im
vorchristlichen Altertum, Utrecht 1939, S. 320–325 (Wurzeln der
Sozialhilfe im Orient). Über die privaten Äußerungen der Freigebigkeit
vgl. wiederum KLOFT, Liberalitas principis (wie Anm. 3), S. 125–128;
zu den *collegia tenuiorum,* worüber bereits MOMMSEN, MARQUARDT,
LIEBENAM, WALTZING, KORNEMANN u. a. das Wesentliche gesagt
haben, vgl. neuerdings F. AUSBÜTTEL, Untersuchungen zu den Ver-
einen im Westen des Römischen Reiches, Kallmünz 1982, und zusam-

Daher trifft es nicht zu, um noch einmal Aelius Aristides zu zitieren, daß die kaiserliche Menschenfreundlichkeit unterschiedslos alle Reichsbewohner erreichte; denn es bestand eben doch ein nicht zu unterschätzendes soziales Gefälle zwischen Rom, wo die *plebs frumentaria* (Getreideversorgten) sich erheblicher Fürsorge erfreuen konnte, und den Städten und Gemeinden in den Provinzen und zudem ist das durchwegs abschätzige Urteil über die *plebs sordida* (Unterschicht) nicht zu übersehen.[8]

Ehe nun über die Umprägung der heidnischen *liberalitas* (Freigebigkeit) zur christlichen *caritas* (Nächstenliebe) zu sprechen sein wird, sind deren Charakteristika wenigstens in Grundzügen darzustellen, insbesondere unter dem Aspekt, welche Auswirkungen die vom Religionsstifter geforderte Gottes- und Nächstenliebe im Alltag hatte. Schon das Neue Testament, aber auch die frühen Kirchenordnungen und Apologeten legen ein beredtes Zeugnis darüber ab, daß sich die christliche Kirche seit Anbeginn der Hilfsbedürftigen im weitesten Umkreis angenommen hat, ohne soziale, moralische oder politische Vorbehalte zu kennen. Man stellte

---

menfassend PRELL, Sozialökonomische Untersuchungen zur Armut im antiken Rom (wie Anm. 6), S. 258–260.

[8] Or. 26, 98: διὰ τὴν ὁμοίαν εἰς ἅπαντας φιλανθρωπίαν (wegen der allen gegenüber ähnlichen Menschenliebe). Zu Recht bemerkt in diesem Zusammenhang KLOFT, Liberalitas principis (wie Anm. 3), S. 168 f., daß eine solche Maxime bei der damaligen Reichssituation so gut wie keine Realisierungsmöglichkeit besaß. Zur Armut der *plebs sordida et circo ac theatris sueta* (die an den Zirkus und an das Theater gewöhnte Unterschicht, Tac. hist. 1, 4, 3) als Übel und Schande und ihrer Verachtung durch die Oberschicht vgl. wiederum BOLKESTEIN, Wohltätigkeit und Armenpflege im vorchristlichen Altertum (wie Anm. 7), S. 329–337; PRELL, Sozialökonomische Untersuchungen zur Armut im antiken Rom (wie Anm. 6), S. 215–218 und kurz G. ALFÖLDY, Römische Sozialgeschichte, Wiesbaden ³1984, S. 116 f.

den Gläubigen Christus vor Augen, welcher als Bruder der
auf fremde Hilfe angewiesenen Armen anzusehen sei und
zugleich den zu großzügigem Beistand Bereiten eine dauer-
hafte Belohnung im Jenseits verheißt.[9] So entsteht bald
eine organisierte Pflege für die hilfsbedürftigen Mitglieder
der Gemeinden, für Witwen und Waisen, für Fremde,
Alte und Kranke, für die sich jeder einzelne Gläubige verantwortlich fühlte. Jener selbstlose Dienst charakterisierte
die Angehörigen der neuen Religion in einem solchen
Maße, falls man Tertullian glauben darf, daß die darin zum
Ausdruck kommende Gesinnung sogar zu einer gewissen
Achtung bei den Heiden führte.[10] Welche Ausmaße diese
umfassende Fürsorge bereits in der Mitte des dritten Jahrhunderts angenommen hatte, belegt ein vielzitiertes, von
Eusebius allerdings nur beiläufig angeführtes Zeugnis, daß
die Kirche von Rom sich damals mit Hilfe privater Spenden
ständig um das Wohl von 1500 Witwen und anderen Hilfsbedürftigen kümmerte (hist. eccl. VI 43, 11). Daß derartige
Aufgaben angesichts der zunehmenden Zahl der Armen in
jener politisch so unruhigen Zeit von den Bischöfen nicht
allein bewältigt werden konnten, sondern nur mit einem

---

[9] Allgemein über die Auswirkungen des Gebotes zur Nächstenliebe
(Math. 22, 39) bzw. die bereits in der Jerusalemer Urgemeinde vor-
gelebten Gottes- und Bruderliebe noch immer grundlegend A. v. Har-
nack, Die Mission und Ausbreitung des Christentums in den ersten
drei Jahrhunderten, Leipzig [4]1924, bes. S. 170–220 und neuerdings
E. Dassmann, Nächstenliebe unter den Bedingungen der Knapp-
heit. Zum Problem der Prioritäten und Grenzen der Karitas in frühchristlicher Zeit, in: Jahres- und Tagungsbericht der Görresgesellschaft
1996, S. 77–101.
[10] Tert. apol 39, 7: *Vide, inquiunt, ut invicem se diligant* (Sieh zu,
sprachen sie, daß sie sich gegenseitig lieben). Von der Sprichwörtlichkeit
dieses Satzes spricht N. Brox, Die Diakonie in der frühen Kirche. „Die
Kirche zum Himmel machen", Concilium 24 (1988), S. 277–281.

ausreichenden Personal von Presbytern, Diakonen und Diakonissen jeweils mit selbständigem Wirkungsbereich, liegt
auf der Hand.[11]

Überblickt man nun jene beiden Formen, die staatliche *liberalitas* und die auf die christlichen Gemeinden
beschränkte *caritas,* die seit geraumer Zeit nebeneinander
existierten, so ist es naturgemäß von besonderem Interesse
herauszufinden, ob Konstantin und seine unmittelbaren
Nachfolger die überkommenen Formen weiterführten oder
ob sie sich bereits die christliche Umprägung zu eigen
machten. Trifft es tatsächlich bereits für den ersten christlichen Kaiser zu, wenn sein Zeitgenosse Laktanz unmiß-
verständlich formulierte, es müsse nunmehr Aufgabe eines
Herrschers sein, die Armen zu beschenken, den Durstigen
und Entblößten beizustehen und auf jeglichen Gewinn zu
verzichten, da der Lohn allein bei Gott zu finden sei?

Si tantus pecuniae contemptus est, fac illam beneficium, fac huma-
nitatem, largire pauperibus: potest hoc, quod perditurus es, multis
succurrere, ne fame aut siti aut nuditate moriantur.

Wenn die Verachtung des Geldes so groß ist, erweise jene Wohltat,
übe Menschenfreundlichkeit, schenke den Bedürftigen: es kann
das, was du einbüßen wirst, vielen helfen, daß sie nicht durch
Hunger, Durst oder Entblößung sterben.[12]

---

[11] Vgl. hierzu etwa J.-U. KRAUSE, Witwen und Waisen im Römischen Reich IV: Witwen und Waisen im frühen Christentum, Stuttgart 1995, S. 5–10, E. DASSMANN, Kirchengeschichte I: Ausbreitung,
Leben und Lehre der Kirche in den ersten drei Jahrhunderten, Stuttgart
1991, S. 239–250 und die Artikel von A. KALSBACH, Diakonie, RAC
3, 1957 Sp. 888–915 und DERS., Diakonisse ibid. Sp. 917–927. Eine
gute Zusammenfassung bereits bei G. KRÜGER, Die Fürsorgetätigkeit
der vorkonstantinischen Kirchen, ZSRG. K 24 (1935), S. 113–140.

[12] Lact. div. inst. 3, 23, 6. Zu verweisen wäre auch auf 6, 11, 22 f.;
12, 19 f.: Ablehnung der Spiele. Dazu wiederum KLOFT, Liberalitas
principis (wie Anm. 3), S. 175 mit Anm. 431.

Hält man sich manche Aussagen des Eusebius in der Vita Constantini vor Augen, so wäre eine solche Frage eindeutig zu bejahen.

An mehreren Stellen seines panegyrischen Werkes weiß er nämlich zu berichten, daß die kaiserliche Freigebigkeit für die Notleidenden keine Grenzen kannte. Schon im ersten Buch spricht er im Zusammenhang mit den Schenkungen an die Kirchen in Form von Ländereien – man denkt hier unwillkürlich an die zahlreichen Dotationen für die Lateransbasilika, wie sie im Liber Pontificalis aufgelistet sind – pointiert von den Lichtstrahlen der kaiserlichen Tugend und meint damit die Wohltaten für die Armen und Bedürftigen, für bemitleidenswerte und verachtete Menschen, die auf den Märkten bettelten, denen der Herrscher nicht nur Geld und Nahrungsmittel, sondern auch Kleidung habe zukommen lassen. Der Schwerpunkt liegt hierbei auf unglücklichen Waisenkindern sowie hilflosen verwitweten Frauen und Mädchen, die ihre Männer beziehungsweise Eltern verloren hätten. Wenn es außerdem heißt, daß niemand von ihm weggegangen sei, ohne eine Gabe erhalten zu haben, und schließlich bei Helena als Zweck ihrer Palästinareise neben der Sorge für den Kirchenbau ihre Hilfe für nackte und hilflose Arme hervorgehoben wird, so wird aus all dem Folgendes ersichtlich: Konstantin wird hier ohne Bedenken auf ein neues, christliches Herrscherbild festgelegt, als dessen wesentlicher Bestandteil die Ausübung der christlichen *misericordia* (Mitleid) für die Ärmsten der Gesellschaft gilt, wie sie bisher vornehmlich von den Bischofsgemeinden geleistet wurde.[13] Ähnliches ist auch bei der Schilderung über

---

[13] Eus. vit. Const. I 43, 1 f.: Gesprochen wird zunächst allgemein im christlich karitativen Sinn von παντοῖαι χρημάτων διαδόσεις τοῖς ἐνδεέσιν (Zahlreiche Geldspenden ließ er unter den Armen verteilen.),

den Bau der Kirche im syrischen Heliopolis zu beobachten, wo er von reichen Spenden zur Unterstützung der Armen spricht, die zur raschen Annahme der Heilslehre beitragen sollten.

προνοῶν δὲ κἀνταῦθα βασιλεὺς ὅπως ἂν πλείους προσίοιεν τῷ λόγῳ, τὰ πρὸς ἐπικουρίαν τῶν πενήτων ἔκπλεα παρεῖχε, καὶ ταύτῃ προτρέπων ἐπὶ τὴν σωτήριον σπεύδειν διδασκαλίαν ...

Und so sorgte der Kaiser dafür, daß auch dort sehr viele sich dem Logos anschlossen und stellte deshalb ausreichende Hilfe für die Armen zur Verfügung, weil er sie auch auf diese Weise zur Beschäftigung mit der Lehre des Erlösers ermuntern wollte ...[14]

---

gegen die er als φιλάνθρωπος καὶ εὐεργετικός (menschenfreundlich und wohltätig) erscheint, dann ist von den ἐπ᾽ ἀγορᾶς μεταιτοῦσιν οἴκτροις καὶ ἀπερριμένοις (die bejammernswerten und verachteten Bettler auf dem Markt), schließlich von den γυναῖκες χῆραι (verwitwete Frauen) und von κόραι ἐρημίᾳ γονέων ὀρφανισθεῖσαι (junge Frauen, die durch den Verlust der Eltern verwaist waren) die Rede (Übersetzung: Eusebius von Caeserea, De vita Constantini. Über das Leben Konstantins. Eingel. von B. BLECKMANN, übers. und komm. von H. SCHNEIDER, Turnhout 2007, 203). Bezeichnend ist auch der einleitende Hinweis auf die, welche außerhalb der Kirche stehen und sich ihm nähern. Zu den übereigneten Ländereien für die neu gegründeten Kirchen vgl. J. CURRAN, Pagan City and Christian Capital. Rome in the Fourth Century (Oxford 2000), S. 90–115. Zu den Wohltaten Helenas im Heiligen Land vgl. Euseb. vit. Const. III 44 f. und J. W. DRIJVERS, Helena Augusta. The Mother of Constantine the Great and the Legend of Her Finding of the True Cross, Leiden 1992, S. 55–72. Über die Festlegung Konstantins auf ein christliches Herrscherbild bes. F. WINKELMANN, Euseb von Kaisareia. Der Vater der Kirchengeschichte, Berlin 1991, bes. S. 146–159.

[14] Eus. vit. Const. III 58, 4 (Übers. SCHNEIDER, Über das Leben Konstantins [wie Anm. 13], 389). Zu Recht meinen A. CAMERON and St. G. HALL, Eusebius. Life of Constantine. Translated with Introduction and Commentary, Oxford 1999, daß diese Aussagen „highly coloured and tendentious rhetoric" gehalten und daher mit Vorsicht zu verwenden seien (S. 305).

Wie sehr eine solche Festlegung über die bisher von den
Kaisern und wohlhabenden Kreisen geleistete Tätigkeit hin-
ausging, wird an einer späteren Stelle im vierten Buch erneut
sichtbar, wo wiederum die Waisen und bemitleidenswerten
Frauen, das heißt die Witwen und Jungfrauen, als Empfänger der kaiserlichen Geschenke genannt werden.

ταῖς δὲ ἐκκλησίας [...] σιτοδοσίας ἐπὶ χορηγίᾳ πενήτων ἀνδρῶν, παίδων
τ᾿ ὀρφανῶν καὶ γυναικῶν οἴκτρων δωρούμενος

Den Kirchen Gottes aber gewährte er [...] Getreidespenden zur
Unterhaltung der Armen, Waisen und beklagenswerten Frauen.[15]

Ebenso wie Konstantin, der dadurch geradezu zum Nach-
ahmer der göttlichen *misericordia* (Barmherzigkeit) hoch-
stilisiert wird, handelte schließlich der *notarius* (kaiserliche
Sekretär) Marianus, der „als gewandter Diener des Kaisers",
das heißt in dessen Auftrag die Synode von Tyrus leitete
und an unbekleidete Bettler und unzählige Scharen Armer,
Männer wie Frauen, reichlich Gelder und Kleidungsstücke
verteilen ließ.[16] Bezeichnend ist indes, daß Eusebius diese

---

[15] Eus. vit. Const. IV 28, 1 (Übers. SCHNEIDER, Über das Leben
Konstantins [wie Anm. 13], 443). Schließlich fehlen auch die Kleidungsstücke für die nackten Armen nicht. Zutreffend bemerken CA-
MERON-HALL, Eusebius. Life of Constantine (wie Anm. 14), S. 324:
„Constantine established a grain distribution for the citizens of Con-
stantiople, on the model of Rome ..., but Eusebius' theme is rather that
of Christian charity." Von einer Änderung der Situation unter Konstantin und der „assistance to marginal groups previously excluded from
any humanitarian consideration" und „Christian acts of philanthropy"
spricht A. MARCONE, Late Roman Social Relations, in: Cambridge
Ancient History, vol. XIII: The Late Empire A.D. 337–425, Cambridge 1998, S. 342 (ohne Angabe von Belegen!).

[16] Eus. vit. Const. IV 44, 1 f. über den βασιλεῖ δεξιὸς ἀνήρ Marianus
πτωχοῖς δ᾿ ἀνείμοσι πενήτων τ᾿ ἀνδρῶν καὶ γυναικῶν μυρίοις πλήθεσι,
τροφῆς καὶ τῶν λοιπῶν χρειῶν ἐν ἐνδείᾳ καθεστῶσι, πολυτελεῖς διαδόσεις
χρημάτων καὶ περιβλημάτων ἐποιεῖτο ... (Den unbekleideten Bettlern

hohe Tugend der Philanthropie nirgends näher konkreti-
siert, etwa in der Art, wie sie gesetzlich abgesichert war oder
welche staatlichen bzw. kirchlichen Stellen dafür zuständig
waren. Dasselbe ist noch bei späteren Kirchenvätern zu beobachten, wie etwa bei Johannes Chrysostomus oder auch
Hieronymus, die beide, der eine in einer Predigt, der andere
in seinem Bibelkommentar, ganz allgemein eine der heraus-
ragendsten Aufgaben des Herrschers darin sehen, die Interessen der Witwen zu vertreten und mit den Waisen Mitleid
zu haben, da diese entsprechend leicht von den Mächtigen
bedrückt würden.[17]

So nimmt es nicht wunder, wenn in den modernen Kon-
stantindarstellungen solche Angaben zum Teil ohne weitere
Zusätze übernommen werden. Hierfür seien nur zwei Beispiele genannt. So meint z. B. K. M. GIRARDET in seiner

---

sowie unzähligen Massen an Männern und Frauen, die Mangel litten
an Nahrung und allen übrigen lebensnotwendigen Dingen, ließ er
kostspielige Spenden an Geld und Kleidung zukommen ... Übers.
SCHNEIDER, Über das Leben Konstantins [wie Anm. 13], 465). Über
die Ähnlichkeit der Konzilien von Nicaea und Tyros mit großen Ban-
ketten und Schenkungen vgl. E. D. HUNT, Constantine and Jerusalem,
JEH 48 (1997), S. 419–421; zu Marianus vgl. JONES / MARTINDALE /
MORRIS: in: PLRE I (1975) s. v. Marianus 2, p. 559.

[17] Joh. Chrys. In saltationem Herodiadis (spur.) PG 59, 523 und
Hieron. in Ier. 4, 35 (CSEL 59, 255). J.-U. KRAUSE, Witwen und
Waisen im frühen Christentum (wie Anm. 11) macht darauf aufmerksam, daß die Fürsorge für diese Gruppen der Bevölkerung nicht nur
in der Spätantike ein beliebiger Topos der Herrscherdarstellung und
Herrscherpanegyrik gewesen sei, sondern auch für den alten Orient
und das Mittelalter gelte (S. 47); um so mehr erstaunt es, daß er die
Maßstäbe Eusebs u. a. bedenkenlos übernimmt. Ebenso übrigens G.
DAGRON, Naissance d'une capitale. Constantinople et ses institutions
de 330 à 451, Paris 1974, S. 534 und ihm folgend P. HERZ, Studien
zur römischen Wirtschaftsgesetzgebung. Die Lebensmittelversorgung,
Stuttgart 1988, S. 311 Anm. 41.

ausführlichen Studie über die Konstantinische Wende, vom
Jahr 1998, die eben wieder unverändert nachgedruckt wurde,
ganz allgemein: „Zur Verteilung an Bedürftige wie etwa die
virgines (Jungfrauen) und die Witwen und Waisen werden
ihnen, das heißt den Bischöfen, auch staatliche Lieferungen
von Grundnahrungsmitteln zugeteilt"[18] und H. BRANDT
äußert sich in seiner ebenfalls kürzlich erschienenen Kon-
stantinbiographie ohne weitere Differenzierung: „Direkte
kaiserliche Zuwendungen in Form von Geldspenden und
Getreidelieferungen verbesserten darüber hinaus nicht nur
den ökonomischen und politischen Spielraum vor allem der
Bischöfe in entschiedener Weise, sondern dokumentierten
die Absicht des Kaisers, als Förderer des *sanctissimum catholicae venerabile concilium,* der heiligsten und verehrungswürdigen Gemeinde der katholischen Kirche, wahrgenommen zu werden".[19] Immerhin meint auch ein so kritischer
Geist wie H. KLOFT, daß die Vereinigung christlicher und
vorchristlicher Elemente, wie sie die konstantinische Freigebigkeit aufweise, die Voraussetzung gewesen sei für die
weitere Wirkung der *liberalitas* (Freigebigkeit) oder eines
ihrer Synonyme im christlichen Herrscherideal.[20]

---

[18] K.M. GIRARDET, Die Konstantinische Wende und ihre Be-
deutung für das Reich. Althistorische Überlegungen zu den geistigen
Grundlagen der Religionspolitik Konstantins d. Gr., in: E. MÜHLEN-
BERG (Hrsg.), Die Konstantinische Wende, Gütersloh 1998, S. 117
und in unverändertem Nachdruck unter fast dem gleichen Titel,
Darmstadt 2006, S. 151.

[19] H. BRANDT, Konstantin der Große. Der erste christliche Kaiser,
München 2006, S. 84 f. Ob allerdings hierfür der Ausdruck „Christentum light" (S. 90) passend ist, bleibe dahingestellt.

[20] KLOFT, Liberalitas principis (wie Anm. 3), S. 176. Der Hinweis
auf die *beneficiorum largitas* (Spendenbereitschaft) im Fürstenspiegel
Augustins (civ. dei 5, 24) zeigt, daß die *liberalitas*-Vorstellung selbst bei
den späteren Christen noch lebendig war.

Angesichts jener durchgehenden Linie in der Vita Constantini des Eusebius und der häufigen Übernahme in der Sekundärliteratur erhebt sich natürlich die Frage, ob ein solcher Wechsel tatsächlich stattgefunden hat und wie er sich im einzelnen vollzogen haben könnte. Was Konstantin betrifft, dessen Bekehrung sich wohl über einen längeren Zeitraum erstreckte, so erstaunt es nicht, daß andere Quellen, speziell von heidnischer Seite, übereinstimmend berichten, daß er durchaus in den Bahnen der traditionellen *liberalitas* (Freigebigkeit) verblieb. Die zeitgenössischen Panegyriker bezeugen ebenfalls die übliche Großherzigkeit und ebenso fehlen die bekannten *liberalitas*-Münzen während seiner Regierungszeit nicht.[21] Was die praktische Umsetzung betrifft, so hören wir von kostenlosen Getreidespenden an die Bewohner von Alexandria, Antiochia und Karthago ebenso wie von der Fürsorge für die Bevölkerung Roms nach dem Sieg über Maxentius, wo die Einzelheiten auf dem Konstantinsbogen in einer anschaulichen liberalitas-Szene abgebildet sind.[22] In der Tiberstadt, wo wir von ca. 200.000

---

[21] Z. B. Paneg. IV (10) 35, 4 f.; VII (6) 4, 1; 5, 3); VIII (5) 19, 3. Auf eine herausragende Goldmünze mit der Aufschrift LIBERALITAS XI imp. IIII cos. p. p. (COHEN VI 316) legte schon O. SEECK besonderen Wert (Geschichte des Untergangs der antiken Welt, Bd. 1, Stuttgart 1921, S. 468); auf eine konstantinische Prägung aus der Zeit 315–317, die auf der Rückseite die LIBERALITAS mit der erhobenen Tabula in der Rechten zeigt, geht besonders A. ALFÖLDY ein (The Helmet of Constantine with the Christian Monogramm, JRS 22 (1932), S. 17 f. mit Taf. II 16); hinzuweisen wäre z. B. auch auf CIL X 7909: *liberalissimus princeps* (freigebigster Kaiser). Vgl. hierzu jetzt auch F. KOLB, Herrscherideologie in der Spätantike, Berlin 2001, S. 86 u. ö.

[22] Hierauf machen besonders aufmerksam CAMERON / HALL, Eusebius. Life of Constantine (wie Anm. 14), S. 220 zu Euseb. vit. Const. I 43: „Again the chapter is high generalized and ends with a panegyrical statement on the stock theme of liberality, also depicted on the Arch of Constantine" (S. 220); dabei wird allerdings der Unterschied zwischen

Brot-Empfängern durch die seit alters bestehende staatliche
annona (sc. *cura annonae* – Kornverteilung) wissen, sorgte er
weiterhin wie schon Diokletian und auch später seine Nachfolger für eine ausreichende Bereitstellung von Hilfskräften,
für ein reibungsloses Funktionieren des Getreidetransports
und der staatlichen Bäckereien sowie für die zusätzliche Verpflegung mit Fleisch und Öl.[23] Völlig neu stellte sich ihm

---

der christlichen und heidnischen Form der Freigebigkeit außer acht
gelassen. Zu den beiden Szenen auf dem Bogen genauer R. MacMullen, Constantine, London [2]1987, S. 84: „The emperor presides the
distribution of largeness to the populace" – „a liberalitas, as coins pro-
claim") und grundlegend H. P. L'Orange / A. von Gerkan, Der spätantike Bildschmuck des Constantinsbogens, Berlin 1939, S. 89–102
(„Liberalitas Augusti"). In den größeren Rahmen einer noch immer
aktiven Rolle der Plebs in der Spätantike eingeordnet von N. Purcell,
The Populace of Rome in Late Antiquity, in: W. Harris / A. Giardina
(eds.), The Transformations of Urbs Roma in Late Antiquity, Ports-
mouth, RI, 1999, S. 135–150. Auf den Unterschied der heidnischen
Perspektive auf dem Fries, wo es nicht darum gehe, den Bedürftigen zu
helfen, sondern die angestammten Privilegien von Bürgern und Senatoren zu wahren, und der Wohltätigkeit gegenüber den Bedürftigen bei
Eusebius (vit. Const. I 43), was durchaus christlich gedacht sei, macht
dagegen zu Recht aufmerksam L. Giuliani, Des Siegers Ansprache an
das Volk. Zur politischen Brisanz der Frieserzählung am Constantins-
bogen, in: Chr. Neumeister / W. Racek (Hrsgg.), Rede und Redner.
Bewertung und Darstellung in den antiken Kulturen, Möhnesee 2000,
S. 286. Daher erscheint es fragwürdig, ob man hier an eine noch immer
aktive Rolle der Plebs denken soll.

[23] Die Belege hierfür bei A. Chastagnol, La préfecture urbaine
à Rome sous le Bas-Empire, Paris 1960, S. 312–316 (Versorgung mit
Brot), S. 321 f. (mit Öl), S. 32–325 (mit Wein), S. 325–334 (mit
Fleisch) und Herz, Studien zur römischen Wirtschaftsgesetzgebung,
(wie Anm. 17), S. 262–301 und sehr informativ J. Durliat, De la
ville antique à la ville byzantine. Le problème de subsistence, Rome
1990, S. 37–123 (4. Jh.) sowie A. J. B. Sirks, The Size of the Grain-
Distribution in Imperial Rome and Constantinople, in: Athenaeum
79 (1971), S. 215–237. Die Zahl der Brotempfänger in Rom von

die gleiche Aufgabe für seine Neugründung Konstantinopel,
deren Versorgung er durch die Umleitung der ägyptischen
Getreideschiffe an den Bosporus statt wie früher nach Rom
sicherstellte. Ferner wissen wir, daß er dort die *annona civilis*
(städtische Getreideversorgung) durch die Festlegung von
80.000 täglichen Brotrationen an die ärmere Bevölkerung
gewährleistete, eine Einrichtung, die wegen der Verteilung an
bestimmten höheren Plätzen hier wie auch in Rom als *panis
gradilis* (an den Stufen verteiltes Brot) bezeichnet zu werden
pflegt. Hatte sie Constantius II. nach dem Aufstand gegen
den Heermeister Hermogenes im Jahre 341 zwar vorübergehend halbiert, so wurde sie in der Zeit von Theodosius I.
sogar noch um 1000 Rationen erhöht, nachdem schon vorher Kaiser Valens die Verteilung eines höherwertigen Brotes
verfügt hatte. Dies ging allerdings mit einer Verschärfung
der staatlichen Kontrolle einher, so mit einem Verbot des
Weiterverkaufs der Berechtigungsmarken oder dem Einzug
dieser Marken bei Tod oder Wegzug eines Empfängers. In
diesen Zusammenhang gehört auch die Neugründung von
Bäckereien, von denen es in Konstantinopel allerdings weit
mehr private als öffentliche Betriebe gab.[24] Einer eigenen

200.000, überliefert bei Cass. Dio 76, 1,1 (zur Zeit des Septimius
Severus), dürfte im 4. Jh. noch etwa gleich groß gewesen sein. Speziell
für Karthago vgl. CodTheod 14, 25, 1 (*frumentum aeneum* [in Geld
verwandeltes Getreide], vom Jahre 315?), zu Antiochia z. B. Amm. 27,
13, 14 (Zeit Julians), zu Alexandria CodTheod 14, 26, 1 (vom Jahr
412). Eine immer noch zuverlässige Übersicht bietet M. Rostowtzew,
Frumentum, RE XIII (1910), Sp. 126–185.
[24] Umleitung der Getreideschiffe aus Ägypten nach Konstantinopel
und Festlegung von 80.000 Brotrationen täglich bei Socr. hist. eccl.
II 13; vgl. auch Euseb. vit. Const. IV 63 und chron. pasch. p. 236
(ed. Th. Mommsen MGH IX, chron. min. I), allerdings mit falscher
Jahreszahl (337 statt 332). Verteilung feineren Brotes unter Valens nach
CodTheod 14, 17, 5 u. 7 (*sex bucella sine pretio* [sechs Brote ohne Preis]

Überlegung für die vermögenden Schichten entsprang die
Einführung des *panis aedium* (oder *aedilis,* Haus[bau]brot)
für jene, welche bereit und in der Lage waren, in der neuen
Kaiserstadt ein eigenes Haus zu errichten, und dadurch
zur Entstehung eines lebenswichtigen Mittelstandes ihren
Beitrag leisteten. Eine derartige Maßnahme erfolgte auch
in Rom und Alexandria, obwohl die Quellen lediglich für
die *nova Roma* (das neue Rom) klare Auskünfte vermitteln.
Die Einrichtung wurde im fünften Jahrhundert wieder
abgeschafft, denn es war nicht einzusehen, warum selbst der
gefeierte Redner Themistius und die reiche Senatorenwitwe
Olympias davon profitieren sollten.[25]

Resümiert man diese kaiserlichen Fürsorgemaßnahmen,
die unter strenger Aufsicht der staatlichen Behörden, so der
dafür zuständigen Praefekten oder der städtischen Dekurionen, durchgeführt wurden, so bleibt als Ergebnis, daß

---

bedeutet wohl nicht, daß man für den *panis sordidus* [Billigbrot] vorher
bezahlen mußte, sondern lediglich, daß das höherwertige *bucellum*
vorher nicht unentgeltlich war); zur zusätzlichen Verteilung von 125
Scheffel aufgrund von *tesserae* (Brotmarken) unter Theodosius für 1000
zusätzliche Empfänger vgl. CodTheod 14, 17, 14 (CodIust 11, 25,
2). Zum Ganzen ausführlich J. KARAYANNOPULOS, Das Finanzwesen
des frühbyzantinischen Staates, München 1958, S. 106–112 sowie
DAGRON, Naissance d'une capitale (wie Anm. 17), S. 518–525 und
HERZ, Studien zur römischen Wirtschaftsgesetzgebung (wie Anm. 17),
S. 302–330.
[25] Vgl. CodTheod 14, 17, 1 und chron. pasch. (wie Anm. 24) p. 236
(aus der Zeit der Kaiser Valentinian I. und Valens), CodTheod 14,
17, 12 (unter Theodosius). Them. or. 23, 292 b; vit. Olymp. 5 f. (ed.
MALINGREY). Dazu DAGRON, Naissance d'une capitale (wie Anm. 17)
503 f.; 520 f. und HERZ, Studien zur römischen Wirtschaftsgesetzgebung (wie Anm. 17), S. 314–319. Für Rom vgl. CodTheod XIV 17,
5 u. 6. Auch in Alexandrien gab es einen *panis aedilis,* der jedoch nur
durch zwei Papyri aus dem Archiv des Abbinaeus bekannt ist (Beleg bei
HERZ, Studien zur römischen Wirtschaftsgesetzgebung, S. 314).

hierbei die von Eusebius und anderen so sehr gepriesene Unterstützung speziell der ärmsten Schichten keine Erwähnung findet.[26] Weder in den zahlreichen Gesetzen noch bei dem Rhetor Nazarius in dessen ausführlichem Elogium auf die Tugenden des Kaisers vom Jahre 321 findet sich davon irgendeine Spur.[27] Muß man folglich annehmen, daß Eusebius mehr ein Wunschbild überliefert hat, das der Wirklichkeit durchaus nicht entsprach? Vollzog er vielleicht eigenmächtig eine solche Umformung, wenn er das schon aus heidnischen Quellen bekannte Symbol der Sonne für die umfassende Freigebigkeit des Kaisers speziell auf jene fokussiert, die bisher vornehmlich von der christlichen *caritas* erreicht wurden?

Κωνσταντῖνος ἅμα ἡλίῳ ἀνίσχοντι τῶν βασιλικῶν οἴκων προφαινόμενος, ὡσανεὶ συνανατέλλων τῷ κατ᾽ οὐρανὸν φωστῆρι, τοῖς εἰς πρόσωπον αὐτῷ παριοῦσιν ἅπασι φωτὸς αὐγὰς τῆς οἰκείας ἐξέλαμπε καλοκαγαθίας.

---

[26] Zu beachten ist, daß auch im Chronicon paschale (wie Anm. 24) der *panis gradilis* für die ärmere Bevölkerung Konstantinopels mit dem Begriff *annona* bezeichnet wird und damit auf eine gewisse Bezahlung der Empfänger hinweist (καὶ δὴ ὅσα γέγονεν ἐν αὐτῇ ἔνδοξα τὲ καὶ σιτομέτρια τῶν δωρηθεισῶν ἀννωνῶν), für eine Armenunterstützung im Sinne Eusebs ist diese Stelle gleichfalls nicht heranzuziehen.

[27] Bei Nazarius, der möglicherweise bereits Christ war, ist ebenfalls ganz allgemein von *beneficia principis infinita* (unendlichen Wohltaten des Kaisers) die Rede, welche auf dem gesamten Erdkreis die kaiserliche *benignitas* (Güte) erstrahlen ließen, welche niemals vergessen würden, aber auch der Begriff *liberalitas* (Freigebigkeit) erscheint, welche der kaiserlichen *fortitudo* (Stärke) zu verdanken sei (35, 1 f.); vgl. dazu C. E. V. Nixon / B. Saylor Rodgers, In Praise of Later Roman Emperors. The Panegyrici Latini. Introd., Transl. and Historical Comm. with the Latin Text of R. A. B. Mynors, Berkeley 1996, S. 335 f. Zu den Gesetzen vgl. H. Dörries, Das Selbstzeugnis Kaiser Konstantins, Göttingen 1954, S. 162–300.

So erschien auch Konstantin zugleich mit der aufgehenden Sonne vor dem Kaiserpalast, als ob er mit dem Himmelsstern zusammen aufgehen würde. All denen, die vor sein Angesicht traten, ließ er die Lichtstrahlen seiner persönlichen Vortrefflichkeit aufleuchten.[28]

Gegen eine derartige Vermutung stehen jedoch zunächst andere, zumeist christliche Quellen, aus denen recht eindeutig hervorzugehen scheint, daß Eusebius die Politik Konstantins jedenfalls bis zu einem gewissen Grad zutreffend dargestellt hat.

Einen ersten, allerdings recht allgemein gehaltenen Anhaltspunkt liefert der Historiker Zosimus, der in seiner betont antichristlichen Einstellung dem Kaiser vorhält, er habe Gelder an unwürdige und nutzlose Mitglieder der Gesellschaft verschwendet und Geschenke verliehen, die keinen Vorteil brachten.[29] Auch an Julian wäre zu erinnern, der in seiner Schrift *Caesares* seinen großen Vorgänger zwar als hemmungslosen Verschwender geißelt, aber in den sogenannten Hirtenbriefen an Arsakios und Theodoros, die Oberpriester von Galatien und Asien, gerade jene Form der christlichen Nächstenliebe zum eigenen Programm erhebt. Es erscheint schwer vorstellbar, daß ihm bei dieser Nachahmung wirklich nur die seit alters üblichen Aktivitäten der Bischöfe als Vorbild dienten und nicht gewisse Bereiche, in welchen Konstantin staatlicherseits die kirchlichen Organe herangezogen

---

[28] Eus. vit. Const. I 43, 3 (Übers. SCHNEIDER, Über das Leben Konstantins [wie Anm. 13], 203). Hierzu und zu den Belegen aus Dion Chrysostomus (bes. or. III 82 f.) vgl. J. A. STRAUB, Vom Herrscherideal in der Spätantike, Darmstadt 1964 (Nachdruck), S. 131 f. und wiederum KLOFT, Liberalitas principis (wie Anm. 3), S. 173.

[29] Zosimus II 38, 1; vgl. hierzu die ausführlichen Bemerkungen von F. PASCHOUD, Zosime, Histoire nouvelle. Tome 1 (livres I et II), Paris 1971, S. 241 f. Anm. 51 mit Verweis auf ähnliche Vorwürfe bei weiteren heidnischen Autoren.

bzw. ihnen die entsprechenden Möglichkeiten gegeben hat.[30]
Einen Fingerzeig hierfür bietet außerdem die von dem arianischen Kirchenhistorker Philostorgios erwähnte gesetzliche
Verfügung, wonach Julian den Kirchen ihre σιτηρέσια (Getreidespenden) entzogen und auf die Diener der Dämonen
übertragen habe.[31] Wesentlich deutlicher wird dieser Sachverhalt von den beiden Kirchenhistorikern Sozomenos und
Theodoret angesprochen. Ersterer bemerkt ausdrücklich, daß
Julian den Klerikern und ihren Einrichtungen die beträcht-
lichen Mittel genommen habe, welche ihnen zur Ausübung
ihrer Liebestätigkeit durch die Vorgänger ausgesetzt worden
seien. Wenn er hinzufügt, daß Julian diese Aufgabe wieder

---

[30] Der Vorwurf der Verschwendung in den Καίσαρες ἢ Κρόνια 36
(335 b): Πολλὰ [...] κτησάμενον πολλὰ χαρίσασθαι, ταῖς δ᾿ ἐπιθυμίαις
ταῖς ἑαυτοῦ καὶ ταῖς τῶν φίλων ὑπαργοῦντα (Vieles zu erwerben und
dann viele Begünstigungen zu erweisen, sowohl dem eigenen Begehren
als auch dem der Freunde dienend. Übers. F. L. Müller, Die beiden
Satiren des Kaisers Julianus Apostata. [SYMPOSION oder CAESA-
RES und ANTIOCHIKOS oder MISOPOGON] Griechisch und
Deutsch. Mit Einleitung, Anmerkungen und Index, Stuttgart 1998,
119); vgl. dazu J. Vogt, Kaiser Julian über seinen Oheim Constantin
den Großen, Historia 4 (1955), S. 339–352 bzw. in: Julian Apostata,
WdF, Bd. 509, hrsg. von R. Klein. Darmstadt 1978, S. 222–240. Zu
den beiden „Hirtenbriefen" an Arsakios und Theodoros (ep. 39 u. 47
Weis) mit konkreten Hilfsangeboten für Arme, Witwen und Waisen
zusammenfassend jetzt Bringmann, Kaiser Julian. Der letzte heidnische Herrscher (wie Anm. 2), S. 129–133 und Rosen, Julian. Kaiser,
Gott und Christenhasser (wie Anm. 2), S. 298–305.

[31] Philost. hist. eccl. VII 4 (ed. Bidez 82): ... καὶ τῶν ἐκκλησιῶν
τὰ σιτηρέσια τοῖς τῶν δαιμονίων θεραπευταῖς μετεδίδου (... und die
Getreidespenden der Kirche übertrug er den Dienern der Dämonen).
Da Philostorgios sich als Fortsetzer des historischen Oeuvres Eusebs
verstand und den Kaiser insgesamt recht positiv beurteilte, ist eine solche
Aussage nicht weiter verwunderlich; vgl. B. Bleckmann, Konstantin
in der Kirchengeschichte Philostorgs, in: Millennium 1/2004 (wie
Anm. 1), S. 185–231.

den Dekurionen zuerkannt habe, so wird klar, was Philostorgios mit seiner allgemeinen Ausdrucksweise „Diener der
Dämonen" im Auge hatte. Bedenken erheben sich allerdings,
wenn Sozomenos weiter berichtet, daß jene Witwen und
andere Berechtigte durch Julian gezwungen worden seien,
ihre aus öffentlichen Mitteln empfangenen Gaben zurück-
zuerstatten. Aufhorchen läßt weiterhin, wenn es bei ihm
heißt, daß Konstantin von den Abgaben jeder Stadt den
Teil, der ausreichte für die Bereitstellung dieser Mittel, den
Klerikern zugeteilt und dies sogar durch ein Gesetz bestätigt
habe, das noch zu seiner Zeit in der Form bestehe, wie es
Konstantin einst eingeführt habe; denn von einem solchen
Gesetz findet sich in dieser frühen Zeit noch viel weniger
eine Spur. Außerdem dürften die Verhältnisse in den einzelnen Städten zu unterschiedlich gewesen sein, als daß eine
solche Maßnahme einheitlich hätte geregelt werden können.
Nach der Aufzählung der bereits den Klerikern entzogenen
Privilegien folgen die entscheidenden Sätze:

μέχρι τε παρθένων καὶ χηρῶν, τὰς δ᾽ ἔνδειαν ἐν τοῖς κλήροις τεταγμένας
εἰσπράττεσθαι προσέταξεν, ἃ πρὶν παρὰ τοῦ δημοσίου ἐκομίσαντο.
Ἡνίκα γὰρ Κωνσταντῖνος τὰ τῶν ἐκκλησιῶν διέταττε πράγματα, ἐκ
τῶν ἑκάστης πόλεως φόρων τὰ ἀρκοῦντα πρὸς παρασκευὴν ἐπιτηδείων
ἀπένειμε τοῖς πανταχοῦ κλήροις, καὶ νόμῳ τοῦτο ἐκράτυνεν, ὡς καὶ νῦν
κρατεῖ, ἐξ οὗ τέθνηκεν Ἰουλιανὸς ἐπιμελῶς φυλαττόμενος.

… und einschließlich der Jungfrauen und Witwen, die aus Armut
in die Kleruslisten aufgenommen waren, ließ er die Zuwendungen
wieder eintreiben, die sie vorher vom Fiskus erhalten hatten. Denn
als Konstantin die äußeren Verhältnisse der Kirchen ordnete, teilte
er aus den Einnahmen jeder Stadt dem örtlichen Klerus eine ausreichende Summe zur Beschaffung des Lebensunterhalts zu und
sicherte dies durch ein Gesetz ab, das auch heute noch in Kraft ist,
seit Julians Tod sorgfältig eingehalten.[32]

---

[32] Sozom. hist. eccl. V 5, 2 f. (Übers. Sozomenos, Historia Eccle-

Noch weiter geht die Auskunft Theodorets in dessen *historia ecclesiastica*, Konstantin habe Schreiben an die Statthalter geschickt, in welchen er verfügte, daß in den Städten den gottgeweihten Jungfrauen und Witwen sowie den für den Gottesdienst geweihten Personen Getreidelieferungen angewiesen werden sollten und zwar je nach Bedürftigkeit. Diese von Julian vorübergehend aufgehobene Praxis habe nach dessen Tod der Nachfolger Jovian sogleich wieder eingeführt. Auch er vergißt den Zusatz nicht, daß das Gesetz noch zu seiner Zeit existiere, allerdings seien die Leistungen jetzt um zwei Drittel reduziert.[33]

Tatsächlich ist für das Jahr 451, also für die gleiche Zeit, in welcher die beiden Autoren ihre Werke verfaßten, ein Gesetz überliefert, in welchem die Fortführung der Salaria

---

siastica. Kirchengeschichte. Zweiter Teilband. Übers. und eingel. von G. C. Hansen, Turnhout 2004, 583–585): Zur Unglaubwürdigkeit der Notiz über die Rückgabepflicht der empfangenen Gaben vgl. W. Ensslin, Kaiser Julians Gesetzgebungswerk und Reichsverwaltung, Klio 18 (1922/23), S. 173 („Dies lag nicht in der Art von Julians sonstigem Vorgehen").

[33] Theodor. hist. eccl. I 11: Καὶ μέντοι καὶ γράμματα πρὸς τοὺς τῶν ἐθνῶν προστατεύοντας δέδωκεν ἄρχοντας, καθ᾽ ἑκάστην πόλιν χορηγεῖσθαι παρεγγυῶν ταῖς ἀεὶ παρθένοις καὶ χήραις καὶ τοῖς ἀφιερωμένοις τῇ θείᾳ λειτουργίᾳ ἐτήσια σιτηρέσια, φιλοτιμίᾳ μᾶλλον ἢ χρείᾳ ταῦτα μετρήσας. Τούτων τὸ τριτημόριον μέχρι καὶ τήμερον χορηγεῖται. Ἰουλιανοῦ μὲν τοῦ δυσσεβοῦς πάντα καθάπαξ ἀφελομένου, τοῦ δὲ μετ᾽ ἐκεῖνον τὰ νῦν χορηγούμενα παρασχεθῆναι προστεταχότος. Es ist bemerkenswert, daß diese Sätze Theodorets z. B. von A. H. M. Jones ohne Widerspruch hingenommen werden (The Later Roman Empire 284–602, Oxford 1972, vol. II, S. 898 und 1374), ebenso auch von anderen Historikern, obwohl der Autor mehr als 100 Jahre später schreibt. Ähnlich ibid. IV 4 über Jovian, der bestimmt habe, daß die Getreidelieferungen an die Kirche, die ihr der große Konstantin zugewiesen hatte, wieder aufgenommen werden sollten; diese Wiederaufnahme ist sicher in Verbindung mit der neuerlichen Konfiskation von Tempelgütern zu sehen (vgl. CodTheod 10, 1, 8).

angeordnet wird, welche bis dahin an die heiligen Kirchen
in verschiedenen Formen zur Unterstüzung der Armen
gezahlt wurden. Aber dieser Text spiegelt die Situation
wider, die mehr als hundert Jahre später herrschte.[34]

A. H. M. Jones bemerkt daher in seinem grundlegenden
Werk „The Later Roman Empire" zu Recht, daß Konstantins Zuwendungen sicherlich noch nicht so systematisch
gewesen seien, wie es Theodoret hier darstelle, bleibt jedoch
für den Nachsatz, daß sie doch „very general" gewesen seien,
klare Beweise schuldig.[35] Eine späte Abrundung in der
Zahl der Zeugnisse für solche Maßnahmen bereits in konstantinischer Zeit könnte über eine weitere, wiederum recht
allgemein gehaltene Notiz im Chronicon Paschale hinaus[36]

---

[34] CodIust 1, 2, 12 (zum Jahr 451): *Ut pauperibus alimenta non
desint, salaria etiam quae sacrosanctis ecclesiis in diversis speciebus de
publico hactenus ministrata sunt, iubemus nunc quoque inconcussa et a
nullo prorsus imminuta praestari.* In jener späteren Zeit wurde von der
Kirche vor allem aufgrund der Richtlinien, die sie über die konfiszierten
Tempel und das Tempelland erhielt, erwartet, daß sie für die Armen,
speziell für die Eingekerkerten, sorgte (vgl. z. B. const Sirmond 13 vom
Jahr 419).

[35] Jones, The Later Roman Empire (wie Anm. 33), S. 899. Für
Alexandria stellt J. Hahn nur ganz allgemein fest, daß sich die genauen
Umstände und Zuständigkeiten der öffentlichen Getreideversorgung
im hiesigen Zeitpunkt (d. h. zur Zeit des Athanasius) nicht genau
bestimmen ließen (Gewalt und religiöser Konflikt. Studien zu den
Auseinandersetzungen zwischen Christen, Heiden und Juden im Osten
des Römischen Reiches [von Konstantin bis Theodosius II.], Klio Beih.
N. F. Bd. 8, Berlin 2004, S. 41).

[36] MGH IX (wie Anm. 24), p. 232: Ταῖς καθόλου ἐκκλησίαις πολλὰ
ἐδωρήσατο. Darin können die Tempelgüter eingeschlossen sein, aus
deren Erlös die Armenunterstützung von der Kirche finanziert werden
konnte. Alles, was K. L. Noethlichs über die karitativen Aufgaben
der Bischöfe beibringt, z. B. Gefangenenbetreuung, stammt aus dem
5. und 6. Jh. (Materialien zum Bischofsbild aus den spätantiken
Rechtsquellen, JbAC 16 (1973) S. 39–41). Auch M. Heinzelmann

ein Satz in der späten Chronik des Theophanes bilden, daß
unter Konstantin die Kirche in Antiochien 36.000 Scheffel
Getreide für den gleichen Zweck erhalten habe.[37]

Damit könnten, falls die Nachricht zutrifft und wirklich
schon für die Zeit des ersten christlichen Kaisers gültig
sein sollte, wie manche Interpreten glauben, erneut nichts
anderes als die σιτηρέσια (Verpflegung) des Philostorgios,
Sozomenos und Theodoret gemeint sein, allerdings auf einen
bestimmten Ort bezogen. Da aber der späte Chronist hier
bereits Xenodochien, d. h. Herbergen, im christlichen Sinn
hinzufügt, dürfte er doch wohl eine spätere Zeit im Auge
haben. Nimmt man trotzdem diese Hinweise zusammen, so
ließe sich folgern, daß Eusebius eine Einrichtung im Auge
hatte, die in ihren Anfängen tatsächlich auf Konstantin
zurückging und jene neue Form der christlichen *caritas*
(Nächstenliebe) einbezog, die der Lobredner dann freilich
in unzulässiger Weise verabsolutierte.

---

glaubt aufgrund seiner Einzeluntersuchungen feststellen zu können,
daß die Grundzüge des karitativen Wirkens der Kirche nach der
staatlichen Gesetzgebung erst nach der ersten Hälfte des 5. Jh. festlagen
(Bischofsherrschaft in Gallien. Zur Kontinuität römischer Führungs-
schichten vom 4. bis zum 7. Jahrhundert. Soziale, prosopographische
und bildungsgeschichtliche Aspekte, München 1976, S. 163).

[37] Theophanes Chron. 29, 22 f.: Ὁ μέγας Κωνσταντῖνος σιτομέτριον
ταῖς ἐκκλησίαις κατὰ πόλιν ἐχαρίσατο εἰς διατροφὴν διηνεγκὼς χήραις
καὶ ξενοδοχείοις, πένησί τε καὶ τοῖς κληρικοῖς. KARAYANNOPULOS, Das
Finanzwesen des frühbyzantinischen Staates (wie Anm. 24), S. 217 fügt
im Hinblick auf spätere Zeiten mit Recht hinzu, daß die Verpflegung
der Armen „in der ganzen frühbyzantinischen Epoche als Zuständigkeit
der Kirche galt" und Justinian I. streng den Verkauf von Kirchengut
verbot (NovIust 7 Pr.); dies bedeutet, „daß sich der soziale Charakter
der *cura annonae* hauptsächlich im regelmäßigen Antransport von
Getreide und anderen Nahrungsmitteln für die Großstädte zum Zweck
der Aufrechterhaltung und Stabilisierung relativ niederer Verkaufspreise
manifestierte".

Es erscheint nun in der Tat so, als ob man bei der recht allgemeinen Form, mit der von einer solchen Maßnahme bisher die Rede war, nicht stehen bleiben müßte. Es ist nämlich ein weiteres Zeugnis vorhanden, welches allem Anschein nach die bisher vermißte konkrete Angabe bietet, allerdings nur deswegen, weil dabei ein Mißbrauch getadelt wird, welcher möglicherweise damit getrieben wurde. Es stammt von Athanasius, dem streitbaren Bischof der ägyptischen Metropole Alexandria, führt also unmittelbar in diese frühen Jahre. Hatte Konstantin diesem schon im Jahre 335 ganz offen vorgeworfen, er habe gedroht, die städtische Kornflotte am Auslaufen nach Konstantinopel zu hindern, was nicht zum wenigstens der Grund für seine Verbannung ins gallische Trier gewesen war,[38] so geriet Athanasius mit dem Sohn und Nachfolger Constantius II., der dessen Rückkehr auf den Bischofsstuhl am Nil hinnehmen mußte, von neuem in einen ähnlichen Konflikt. Diesmal klagte man ihn an, er habe die ihm von staatlicher Seite zugeteilte Getreidemenge veruntreut und den Erlös für eigene Zwecke verwendet. Die *annona* (Getreideversorgung) sei für die Versorgung der Witwen und Waisen in Libyen und Ägypten bestimmt gewesen, womit der gesamte Jurisdiktionsdistrikt des alexandrinischen Patriarchen an-

---

[38] Athan. apol. contr. Ar. 9, 3 f. u. 87; Socr. hist. eccl. I 33–35; Sozom. hist. eccl. II 28. Herz, Studien zur römischen Wirtschaftsgesetzgebung (wie Anm. 17), S. 329 erläutert dazu, daß man die Faktizität dieses Vorwurfs im Detail nicht nachweisen könne, aber bereits die Anklage bezeuge, daß dem Kaiser die Versorgung der Hauptstadt sehr am Herzen gelegen habe und eine solche Behinderung gemäß der *lex Iulia de annona* (julisches Gesetz zur Getreideversorgung) als Majestätsverbrechen eingestuft werden konnte. In der Schwebe läßt die Angelegenheit auch Hahn, Gewalt und religiöser Konflikt (wie Anm. 35), S. 41. Zu einseitig noch E. Schwartz, Zur Geschichte des Athanasius, Gesammelte Schriften III, Berlin 1959, 212 f.

gesprochen ist.[39] Ergänzend heißt es bei Sozomenos zu dem
gleichen Sachverhalt, der Zorn des Kaisers sei durch die
verleumderische Anklage hervorgerufen worden, der Bischof habe sich am Verkauf der Verpflegung bereichert, die
Konstantin den Armen der Stadt gewährte. Da Athanasius
bald nach der Rückkehr mit seinen arianischen Gegnern,
die verständlicherweise ebenfalls an der Verteilung inter-
essiert waren, in einen langwierigen Streit geriet, erklärt es
sich, daß solche Beschuldigungen entstanden, die bis an das
Ohr des Kaisers drangen.[40] Hieraus wird nun soviel klar,
daß Konstantin jedenfalls für die ägyptischen Länder eine
σιτοδοσία (Getreideschenkung) eingerichtet hat, in welchem
die Armen, Witwen und Waisen eingeschlossen waren und
für deren Verteilung der Oberhirte von Alexandria zuständig
war. Nun wissen wir zwar aus einer Andeutung des byzantinischen Historikers Prokop, daß bereits Diokletian im
Jahre 302 eine munizipale, möglicherweise sogar kostenlose
Brotversorgung in Alexandria begründet hat und daß eine
zusätzliche staatliche *alimonia* (Unterhalt) noch im Jahre
436 stattfand und schließlich, daß eine solche z. B. auch im

---

[39] Athan. apol. contr. Ar. 18, 2 ff.; vgl. auch Socr. hist. eccl. II 17;
Sozom. hist. eccl. III 9. Solche Vorwürfe wie auch die früheren nach
der Synode von Tyros scheinen nicht aus der Luft gegriffen zu sein, da
die guten Beziehungen des Bischofs zu den alexandrinischen Schiffs-
leuten hinreichend bekannt waren (vgl. ep. enc. 5); hierzu z. B. M. J.
HOLLERICH, The Alexandrian Bishop and the Grain Trade, JESHO 25
(1982), S. 191 und wiederum HAHN, Gewalt und religiöser Konflikt
(wie Anm. 35), S. 41 f.

[40] Sozom. hist. eccl. III 9, 4: … ὅτι καὶ σιτηρέσιον ἔλεγον αὐτὸν
πωλοῦντα ἀποκερδαίνειν. Der mögliche Schluß, daß dieses Getreide
daher nicht kostenlos verteilt wurde, wird bereits gezogen von KARAY-
ANNOPULOS, Das Finanzwesen des frühbyzantinischen Staates (wie
Anm. 24), S. 217. Übrigens geriet während des Konzils von Chalkedon
der alexandrinische Patriarch Dioskuros in den gleichen Verdacht
(ACO II 1,2 p. 17).

italischen Puteoli von Konstantin veranlaßt wurde, aber es
bleibt die Tatsache bestehen: Der Kaiser hat die gesamte re-
gelmäßig zu verteilende Menge an Brotgetreide für Ägypten
und Libyen dem alexandrinischen Bischof zur Verfügung
gestellt, der durch seine Kleriker die Weitergabe an den
einzelnen Plätzen und Orten durchführen ließ.[41]

So scheinen sich jedenfalls auf den ersten Blick für diesen
Fall die Angaben von Sozomenos, Theodoret und anderen
über eine Heranziehung der christlichen Priesterschaft
durch den ersten christlichen Kaiser für die Armenfürsorge
zu bestätigen. Jedoch sollte man sich zunächst hüten, eine
derartige Verlagerung der *annona* (Getreideversorgung) auf
die kirchliche Organisation als allgemeingültig für das gesamte Reich anzunehmen. Es finden sich nämlich keine
Anhaltspunkte in den Quellen, daß eine solche Maßnahme
über Alexandria und, falls die Notiz des Theophanes zutrifft, über Antiochia hinausgegangen wäre. Für Rom und
Konstantinopel wählte der Kaiser jedenfalls einen anderen
Weg, von kleineren Städten ist hierüber überhaupt nichts
bekannt. Wenn Konstantin in der Nilmetropole dafür die
kirchlichen Organe herangezogen hat, dann doch wohl
deswegen, weil hier Athanasius und wohl auch schon seine
Vorgänger im Gegensatz zu anderen Städten eine beinahe
flächendeckende Organisation entwickelt hatten, die sich

---

[41] Zu den Maßnahmen Diokletians für Alexandria vgl. Prokop hist.
anec. 26, 43 allerdings mit phantastischen, völlig unglaubwürdigen
Zahlen. Nach Herz, Studien zur römischen Wirtschaftsgesetzgebung
(wie Anm. 17), S. 331 sind die *alimonia* vom Jahre 436 (Hinzufügung
von täglich 110 *modii* [Scheffel] zu den bisherigen Lieferungen, nach
CodTheod 14, 26, 2) damit identisch. Ausführlich hierzu auch J. M.
Carrié, Les distributions alimentaires dans les cités de l'empire romain
tardif, MEFRA 87 (1975), S. 1078–1082. Zu Puteoli, dessen Rationen
zwischen 75000 und 150000 *modii* lagen, vgl. Symm. rel. 40.

für eine derartige Neuorientierung vorzüglich eignete.[42] Des Weiteren ist keineswegs sicher, ob es sich dabei um eine unentgeltliche Brotverteilung gehandelt hat, wie dies wahrscheinlich in Konstantinopel der Fall war; denn wie hätte sonst der Vorwurf entstehen können, der Bischof habe sich an dem Verkauf bereichert, wenn dort eine Gratisverteilung vorgesehen war? Somit bleibt nur der Schluß, daß es der Bischof Athanasius war, der den Aspekt einer speziell christlichen Armenfürsorge ins Spiel gebracht hat, wie es Eusebius ganz allgemein bereits für Konstantin postuliert und wie es die späteren Kirchenhistoriker von ihm übernommen haben.[43]

Ist übrigens nicht Ähnliches auch bei der Gesetzgebung Konstantins festzustellen, wo Eusebius aus einer Fülle von Erlassen nur wenige Beispiele herausgreift, wo nach seiner Meinung kein Zweifel erlaubt sein sollte, daß eine christliche Gesinnung des Kaisers zugrunde liegt? So nimmt er aus der kaiserlichen Ehe- und Familiengesetzgebung allein die Aufhebung der Bestrafung Kinderloser, wie sie seit Augustus bestand, heraus, und zwar deshalb, weil dies von Konstantin mit Rücksicht auf die christlichen Jungfrauen geschehen sei. Das entsprechende Gesetz, wie es im Codex Theodosianus

---

[42] Vgl. hierzu im Überblick T. D. BARNES, Athanasius and Constantius. Theology and Politics in the Constantiniane Empire, Cambridge / London 1993, S. 1–19 u. ö. und Chr. HAAS, Alexandria in Late Antiquity. Topography and Social Conflict, Baltimore / London 1997, bes. S. 173–214.

[43] Ähnlich wie Jones in Verbindung mit den Hinweisen Theodorets vermuten P. GARNSEY / C. R. WHITTAKER, Trade, Industry and the Urban Economy, Cambridge Ancient History, vol. XIII, Cambridge 1998, S. 329, ausgehend von diesen Nachrichten: „This may have been part of a wider scheme inaugurated by Constantine for the support of clergy and the care of virgins and widows". Aber Belege haben sie ebensowenig wie JONES.

erhalten ist, verrät von einer solchen Begründung allerdings
nichts. Auch die Festrede des Nazarius gibt beim Preis der
kaiserlichen Ehegesetzgebung ausschließlich die Wiederherstellung der Moral als Begründung an.[44] Weiterhin verraten auch die Sonntagsgesetze und das vom Kaiser selbst
formulierte monotheistische Sonntagsgebet für die Soldaten
keinen klaren christlichen Bezug, wie es Eusebius gerne
hätte, wie es M. CLAUSS formuliert.[45] Schließlich darf hier
das wohl bekannteste Beispiel für ein Auseinanderklaffen
von Wunschdenken und Realität bei dem kaiserlichen Lobredner nicht fehlen: die Einstellung zum Heidentum. Mehr-
mals möchte nämlich der Panegyriker glauben machen, daß
der Kaiser den heidnischen Kult generell verboten habe,
kann aber hierfür nur einzelne Tempelschließungen anführen, nämlich dort, wo es sich um anstößige Kultpraktiken
handelte, so z. B. beim Aphrodite Tempel in Heliopolis oder

---

[44] Euseb. vit. Const. IV 25–27. Bei der Berücksichtigung der
Kinderlosen in ihrer „heiligen und vollkommenen Jungfräulichkeit"
wird von einer Gesetzesänderung, „dem Geist der Heiligkeit entsprechend", gesprochen wie auch von einem „richtigen Verständnis";
vgl. dagegen CodTheod 8, 16, 1 (vom Jahr 320) und CodIust 6, 23,
1, wo davon nichts steht. Zu dieser Methode Eusebs vgl. CAMERON /
HALL, Eusebius. Life of Constantine (wie Anm. 14), S. 321–323 und
schon A. EHRHARDT, Constantin der Große. Religionspolitik und
Gesetzgebung, in: H. KRAFT (Hrsg.), Konstantin der Große, Darmstadt 1974, WdF 131, S. 434 f.; 450 f. (hier auch der Hinweis auf
Nazarius).

[45] M. CLAUSS, Konstantin der Große und seine Zeit, München
1996, S. 81. Dies bedeutet freilich nicht, daß Konstantin damals nicht
bereits in seinem Innern Christ gewesen ist. Dazu besonders M. WALL-
RAFF: Christus Verus Sol. Sonnenverehrung und Christentum in der
Spätantike, JbAC Ergbd. 32, Münster 2001, S. 96–102, der jedoch zu
Recht die einseitig christliche Wertung und Interpretation des Eusebius
betont (99), während sich der pragmatisch denkende Kaiser mit einer
„indirekt christlichen Tendenz" begnügt habe (so BRANDT).

der Asklepiosverehrung im kleinasiatischen Aigeai. In einen direkten Widerspruch zu seinen Angaben gerät der Autor dort, wo er Konstantin in seinem zweiten Sendschreiben an die Orientalen die Toleranz gegenüber den Heiden als klare Maxime verkünden läßt: „Den Kampf für die Unsterblichkeit kann ein jeder nur freiwillig auf sich nehmen; hier läßt sich nichts mit Strafen erzwingen".[46]

Wenn es aber, um zu unserem Thema zurückzukehren, eine derartige Einbeziehung kirchlicher Stellen in die kaiserliche Fürsorge in größerem Umfang nicht gegeben hat und sich Konstantin auch in Alexandria nicht derart vom Gedanken der christlichen *caritas* (Nächstenliebe) leiten ließ, wie es Athanasius glauben machen will, sondern im Rahmen der *annona* (Getreideversorgung) wie in Rom und Konstantinopel blieb, so ist noch immer das Problem ungelöst, warum die Kirchenschriftsteller eben doch bereits Konstantin als den Begründer einer institutionalisierten σιτοδοσία für Witwen und Waisen, Arme und auch Kleriker betrachtet haben, um die Reihenfolge des Theophanes zu verwenden. Will man die Möglichkeit ausschließen, daß Eusebius und die Späteren bei ihrer Idealisierung die tatsächlichen Gegebenheiten gänzlich außer acht lassen, so gilt es, einen anderen Ausweg zu suchen. Ein Fingerzeig ist bereits dadurch gegeben, daß der kaiserliche Panegyriker im Zusammenhang damit wiederholt Schenkungen von Ländereien an die Kirchen ins Spiel bringt, wie übrigens auch

---

[46] Gegen ein generelles Opferverbot, wie es Eusebius z.B. vit. Const. II 44 und III 54–58 annimmt und wie es aus einem im Jahre 341 erlassenen Gesetz erschlossen werden könnte (CodTheod XVI 10, 2), spricht sich zu Recht mit dem größten Teil der Forscher GIRARDET, Die Konstantinische Wende, 1997 (wie Anm. 18), S. 93 f. aus (auch mit Bezug auf Euseb. vit. Const. II 56, 1: Toleranzbekenntnis des Kaisers).

der Verfasser des Chronicon paschale und Sozomenos, der, wie bereits angedeutet, sogar vorgibt, ein Gesetz zu kennen, wodurch jene Sorge für die Ärmsten zu einer Dauereinrichtung geworden sei. Da aber ein solches nirgends überliefert ist und auch für die σιτοδοσία (Getreideschenkung) in Alexandria gar nicht erforderlich war, kann es nur darum gehen, will man diese Angabe nicht gänzlich als Erfindung abtun oder zumindest als eine Rückprojizierung aus einer wesentlich späteren Zeit, nach einer anderen reichsweit geltenden Entscheidung Ausschau zu halten, die sich in diesem Kontext anbietet. In der Tat wird man hier rasch fündig. Ohne Schwierigkeiten läßt sich damit nämlich die bereits im Jahre 321 gesetzlich verfügte Erlaubnis Konstantins für Kleriker verbinden, Erbschaften für die Kirche als Institution anzunehmen sowie etwas später das Recht, die Besitztümer verstorbener Kleriker an die lokalen Kirchengemeinden zu übertragen. Auf diese Weise war es der Kirche nunmehr als Rechtsinstitut erlaubt, alsbald reiche Schenkungen insbesondere von wohlhabenden adeligen Damen, entgegenzunehmen, so daß sie schon bald nach der Jahrhundertmitte zur reichsten Grundstücksbesitzerin im gesamten Reich nach dem Kaiserhaus wurde.[47] Hinzu kam die Übereignung von Tempelgrundstücken und Tempelschätzen, die gleichfalls den kirchlichen Reichtum rasch

---

[47] CodTheod 16, 2, 4: *Habeat unusquisque licentiam sanctissimo catholicae (ecclesiae) venerabilique concilio decedens bonorum quod optavit relinquere* (vgl. auch CodIust 1, 2, 1). Im Jahre 323 wurde das Gesetz auf den Besitz verstorbener Kleriker ausgedehnt (CodTheod 16, 2, 5). Vgl. hierzu und zu dem auch im weltlichen Bereich gültigen Übertragungsmodus speziell die Lexikaartikel von F. M. HEICHELHEIM, Domäne, RAC 4 (1959) Sp. 59–68; H. WIELING, Grundbesitz I (rechtsgeschichtlich), RAC 12 (1983), Sp. 1193–1195 und neuerdings G. KLINGENBERG, Kirchengut (wie Anm. 2), Sp. 1076.

vermehrten. Dadurch wurde es den Bischöfen, Klerikern und bald auch den Klöstern möglich, das bisher auf Spenden der eigenen Gemeindemitglieder beschränkte soziale Wirken in ungeahnter Weise auszudehnen und in den Städten Armenbezirke einzurichten mit sorgfältig geführten Verzeichnissen und bisher nicht gekannten Xenodochien für die Obdachlosen und Fremden. Daß ein soziales Netz dieser Art angesichts von Teuerung und Hungersnöten, Naturkatastrophen und ständigen Kriegen immer dringender wurde, versteht sich beinahe von selbst.[48] So waren, um nur ein Beispiel anzuführen, bereits Ende des vierten Jahrhunderts in Antiochia 3000 Witwen und Jungfrauen in solche Armenmatrikel eingetragen, eine Zahl, die wir aus einer Predigt des Johannes Chrysostomus kennen. War es nicht auch das spezielle Anliegen Julians, solche Herbergen einzurichten, wie sie Theophanes bereits im Rahmen der sozialen Fürsorge Konstantins eigens erwähnt, um es damit den verhaßten Christen gleichzutun?[49]

---

[48] Vgl. etwa F. TINNEFELD, Die frühbyzantinische Gesellschaft. Strukturen – Gegensätze – Spannungen (München 1977), 21 f.: „Man muß den Bischöfen und dem Klerus zubilligen, daß sie … auf dem so erworbenen Grund zahlreiche soziale Einrichtungen wie Kranken-, Waisen-, Armenhäuser und Altenasyle betrieben." (freilich gab es häufig auch Mißbrauch, bes. persönliche Bereicherung; vgl. z. B. Amm. 27, 3, 14). Augustinus gibt z. B. zu verstehen, daß die Kirche ihre Besitztümer nur treuhänderisch für die Armen betreibe (epist. 185, 9), und bei Ambrosius (epist. 73, 16 an Kaiser Valentinian II.) heißt es: *Possessio ecclesiae sumptus est egenorum* (der Besitz der Kirche dient dazu, die Armen zu unterstützen). Einzelbelege bei Chr. GNILKA, Altersversorgung, RAC Suppl. 1/2 (1985), Sp. 283–285, und KLINGENBERG, Kirchengut (wie Anm. 2), Sp. 1087 f. Zu beachten ist, daß staatlicherseits eine Veräußerung außer für die Befreiung von Gefangenen nicht erlaubt war.

[49] Joh. Chrys. hom. in 1 Kor. 21, 7; in Matth. 66, 3; 85, 4, dazu KALSBACH, Diakonie (wie Anm. 11), Sp. 909–912. Zu Julians

Vergegenwärtigt man sich diese Entwicklung, so dürften die Angaben der Kirchenschriftsteller durchaus einen Sinn ergeben, auch wenn es ihr erklärtes Ziel ist, die Großzügigkeit Konstantins ganz in ihrem Sinn aus- beziehungsweise umzudeuten. Der Kaiser hatte gewiß das segensreiche Wirken der Kirche bald kennen- und schätzen gelernt, wußte er doch zu gut, daß die Ärmsten der Armen bei der staatlichen Getreideversorgung, wie sie über Rom hinaus nun auch in Konstantinopel üblich wurde, leer ausgingen; denn mittellose Frauen, Sklaven, Bettler, Flüchtlinge und Nichtbürger waren davon wie auch von weiteren zusätzlichen Maßnahmen ausgeschlossen. Dafür bediente er sich zwar im Einzelfall einer gut funktionierenden Kirchenorganisation, wobei die Kleriker auf diese Gruppe ein besonderes Augenmerk richteten, obwohl die der Kirche zur Verteilung zugewiesene *annona* (Getreideversorgung) ebenfalls nicht kostenlos war, aber darüber hinaus eines speziellen Gesetzes, das der Kirche eine eigene Vermögensbildung erlaubte und zudem ihren Klerikern eine Befreiung von den lästigen *munera civilia* (politischen Pflichten) gewährte. Daß dies ganz im Sinne des Kaisers war, läßt sich z. B. in dem Gesetz vom Jahre 326 über die Immunität der Kleriker erkennen, wo als Verpflichtung genannt wird *pauperes ecclesiarum divitiis sustentari* (die Armen mit den Reichtümern der Kirche zu ernähren).[50] Gemeint sind hier allerdings nur die armen Kleriker. Aber auch die Übereignung von Grundbesitz an neu entstehende Kirchen und weitere Privilegien versetzten die Bischöfe in die Lage, die wenig geachteten, teilweise sogar verachteten Schichten in einer Weise in ihre Fürsorge

---

Anliegen bes. E. KISLINGER, Kaiser Julian und die (christlichen) Xenodocheia, in: ΒΥΖΑΝΤΙΟΣ. Festschrift für Herbert Hunger, Wien 1984, S. 171–184.

[50] CodTheod 16, 2, 6.

einzubeziehen, wie es auf staatlichem Wege gar nicht durchführbar gewesen wäre.[51]

Damit war in der Tat der Weg frei für die Kirche, den ihr eigenen Tätigkeitsbereich der Nächsten- und Armenliebe in ungeahnter Weise auszubauen und zu institutionalisieren. Natürlich sind hiervon gelegentliche Zuwendungen nicht ausgeschlossen, wie wir es z. B. für die Kirche von Afrika bereits für das Jahr 313 durch einen Brief Konstantins an den Bischof Caecilianus von Karthago wissen, als diese 3000 Folles aus der staatlichen Kasse erhielt, die unter Umständen für die Armenhilfe eingesetzt werden konnten, auch wenn wir davon nichts wissen. Da diese ἀναλώματα (Aufwendungen) jedoch nur an bestimmte Diener der katholischen Kirche an Hand einer genauen Liste gelangen sollten, ist vielmehr davon auszugehen, daß die Summe zur Stärkung gegen „gewisse Leute unbeständigen Sinnes", also gegen die Donatisten, eingesetzt werden sollte, denen Konstantins ganze Verachtung galt.[52] Zu Recht wurde gerade in jüngster Zeit von J. DURLIAT und noch deutlicher von P. GARNSEY

---

[51] Über diese Privilegien im Einzelnen vgl. E. HERRMANN, Ecclesia in Re Publica. Die Entwicklung der Kirche von pseudostaatlicher zu staatlich inkorporierter Existenz (Frankfurt / M. 1980), bes. S. 306–325 und P. BROWN, Macht und Rhetorik in der Spätantike. Der Weg zu einem „christlichen Imperium", München 1995, S. 95–52 („Armut und Macht" – über die Bischöfe als Euergetai in der Nachfolge früherer heidnischer Wohltäter).

[52] Euseb. hist. eccl. X 6, 1–5.; vgl. dazu DÖRRIES, Das Selbstzeugnis Kaiser Konstantins (wie Anm. 27), Sp. 17 f. und neuerdings R. Lizzi TESTA, The Bishop *Vir Venerabilis*: Fiscal Privileges and *Status* Definition in Late Antiquity, Studia Patristica 34 (2001), S. 125–144. Die Verf. denkt an regular monthly contribution, kann aber weder hierfür noch für ihre Ansicht, daß diese Zuwendung den various members according to their rank auf alle katholischen Kirchen der westlichen Reichshälfte und nach 324 sogar auf sämtliche Kirchen des Reiches ausgedehnt worden sei, irgendwelche Beweise erbringen (bei Eusebius

und C. R. Whittaker ganz allgemein davor gewarnt, sich
täuschen zu lassen; denn selbst, wenn es vereinzelte Spenden gegeben haben sollte, müsse deutlich getrennt werden
zwischen den distributions civiques und den distributions
charitables für die Kirche, welche erheblich hinter den
ersteren zurückgeblieben seien.[53] Es kann jedoch, und damit
sind die wiederholten Nachrichten des kaiserlichen Lobred-
ners Eusebius erheblich zurechtzurücken, keine Rede davon
sein, daß Konstantin auf direktem Wege oder gar generell
vorwiegend jene Gruppen im Auge hatte und so bestrebt
gewesen wäre, auch hier als auserwählter Diener Gottes zu
einem Vorbild frommen Lebenswandels zu werden. Auch als
christlicher Kaiser blieb er vor allem dem *liberalitas*-Denken
seiner Vorgänger verhaftet, linderte die Not dort, wo es
ihm am nötigsten erschien, etwa durch Steuernachlaß oder
gezielte wirtschaftliche Hilfe, und kümmerte sich eingehend um eine geregelte Versorgung der Städte Rom und

---

werden lediglich die Bischöfe Afrikas, Numidiens und Mauretaniens
angeführt).

[53] So J. Durliat, De la ville antique à la ville byzantine (wie
Anm. 23), S. 194 f.: „L'historien d' aujourd'hui qui ne peut faire de
place à la providence dans l'analyse scientifique du passé, ne doit pas se
laisser entrainer par cette argumentation; il doit séparer soigneusement
les distributions civiques qui sont faites aux citoyens par le budget civil
et les distributions charitables, confiées à l'église. Nous verrons que
pour autant qu'on puisse le calculer, les premières sont bien supérieures
aux secondes ..." Der Autor bezieht sich nicht direkt auf Konstantin,
sonst hätte er wohl noch deutlicher formuliert, denn dort hätte er kaum
irgendwelche generell vom Staat der Kirche übertragene distributions
charitables finden können. Anführen könnte man allenfalls die zu
einem besonderen Anlaß, der Zerstörung des Aphroditetempels im
phönikischen Heliopolis, gewährte Armenunterstützung des Kaisers
(Euseb. vit. Const. III 58, 4: ἐπικουρία τῶν πενήτων ἔκπλεα [aus-
reichende Hilfe für die Armen]; Übers. Schneider, Über das Leben
Konstantins [wie Anm. 13], 389).

Konstantinopel, vergaß aber auch nicht die Unterstützung verarmter Familien aus der Oberschicht und die näheren Freunde, die von jeher Objekte kaiserlichen Wohlwollens waren.[54]

Daher nimmt ihn auch der Heide Libanius übrigens ebenso wie die folgenden Herrscher bis Theodosius für die herkömmliche Herrschertugend der Menschenfreundlichkeit in Anspruch, die der Redner gewöhnlich nicht im Sinne einer wohltätigen Fürsorge für die Untertanen versteht.[55] Jedoch das ist nur die eine Seite. Warum sollte er darüber hinaus nicht die uneigennützige Hilfe der Kirche für die ihm anvertraute Bevölkerung in Anspruch nehmen, wie er es bei der bischöflichen Gerichtsbarkeit und der Freilassung der Sklaven in der Kirche ebenfalls tat?[56] Da er wenn auch mehr in indirekter als direkter Weise vor allem durch jenes Gesetz vom Jahre 321 mit einer gewissen Radikalität die Armen, Witwen und Waisen einbezogen hat, um eine Formulierung von H. KLOFT zu gebrauchen, hat er doch jene Entwicklung eingeleitet, die damals Laktanz, der Lehrer seines Sohnes Crispus, als die wahre, christliche Auffassung seinen Lesern

---

[54] Euseb. vit. Const. IV 7, 3; dazu kurz KLOFT, Liberalitas principis (wie Anm. 3), S. 172 und GARNSEY / WHITTAKER, Trade, Industry and the Urban Economy (wie Anm. 43), S. 330–332.

[55] Libanius, über Konstantin or. 19, 20; 59, 29; über Constans und Constantius or. 59, 85; 160 f.; über Julian or. 15, 25 u. ö.; über Valentinian und Valens epist. 1504, 3 u. 1520, 3; über Theodosius or. 3, 9; 19, 16, 17 u. ö.; vgl. dazu H.-U. WIEMER, Libanius und Julian. Studien zum Verhältnis von Rhetorik und Politik im vierten Jahrhundert n. Chr., München 1995, S. 232–236.

[56] *Episcopalis audientia* (bischöfliche Gerichtsbarkeit): CodTheod 1, 27, 1 (vom Jahr 318); Sirm. 1 (vom Jahr 333): Vorzüge gegenüber den staatlichen Gerichten). *Manumissio in ecclesia* (Freilassung in der Kirche): CodTheod 4, 7, 1; dazu wiederum HERRMANN, Ecclesia in Re Publica (wie Anm. 50), S. 207–231 u. 232–260.

vor Augen stellte. So konnte er von den christlichen Autoren auch hier als vorbildlicher Herrscher gepriesen werden. Die neue Form der christlichen Philanthropia entwickelte sich so rasch, daß sie nicht einmal ein halbes Jahrhundert später der Heide Julian als ganz wesentliches Stimulans für die Durchsetzung des christlichen Glaubens erkannte.[57] Jedoch auch mit einer getreuen Kopierung hätte er selbst dann, wenn ihm eine längere Regierungszeit beschieden gewesen wäre, diesen gewiß nicht aufhalten können.

---

[57] Wie nicht anders zu erwarten wird auch jene Frage kontrovers diskutiert (je nachdem wie lebenskräftig man das Heidentum noch einschätzt), wie ein Blick in die beiden bereits genannten neuesten Julianbiographien beweist. Während BRINGMANN, Kaiser Julian. Der letzte heidnische Herrscher (wie Anm. 2) zumindest von einer „Chance des Gelingens" spricht, die durch den „Verzicht auf Zwangsbekehrung" und „die Verknüpfung der weltlichen Gewalt mit einer heidnischen Kirchenorganisation" gegeben gewesen sei, welche auf die Dauer schwerlich ihre Wirkung verfehlt" hätte (S. 191), äußert sich ROSEN, Julian. Kaiser, Gott und Christenhasser (wie Anm. 2) bereits einleitend dezidiert negativ (S. 8): „Hätte Julian sein Ziel erreicht, wenn ihm ein längeres Leben vergönnt gewesen wäre? Man darf die Frage getrost verneinen." Jedoch selbst hinter der Vermutung, daß es bei heidnischen Nachfolgern möglicherweise zu einem dauerhaften Nebeneinander von Christen und Heidentum gekommen wäre, ist ein großes Fragezeichen zu setzen, zumal der Verfasser selbst immer wieder von der inneren Schwäche des Heidentums spricht. Außerdem wäre zu entgegnen, daß es in der zweiten Hälfte des vierten Jahrhunderts eine Reihe durch ihre hohe Bildung beeindruckender Bischofsgestalten gegeben hat, so die Kappadokier im Osten sowie Ambrosius und Augustinus im Westen, welche auch die Gebildeten unter den Heiden beeindrucken und gewinnen konnten.

III Das soziale Wirken der
Kirche in der Spätantike

War bisher bei der Veränderung der ökonomischen und sozialen Verhältnisse durch die christliche Religion der Blick auf die staatlichen Entscheidungen gerichtet, so sind in gleicher Weise die Äußerungen und Maßnahmen in den Blick zu nehmen, welche von den Angehörigen der Kirche selbst, Klerikern wie vornehmen Laien, ausgegangen sind, um jenen Wandel zu verstehen.[1]

Als Ausgangspunkt sei ein Ereignis gewählt, in welchem jene Thematik eine zentrale Rolle spielt. Im Jahre 384 war es zu dem denkwürdigen Streit um die Wiederrichtung des Victoriaaltars in der römischen Kurie gekommen, in dessen Verlauf der heidnische Stadtpräfekt Symmachus jene eindrucksvolle, den Leser noch heute ergreifende Rede gehalten hat, die man nicht zu Unrecht als den Schwanengesang des spätantiken Heidentums bezeichnete. Darin ging es dem Verfasser jedoch nicht allein um die Wiederaufstellung des erst vor wenigen Jahren beseitigten Altars, an dem die

---

[1] Hierzu ist zu bemerken, daß ein Teil der Forschung diesen Gesichtspunkt zu einseitig betont, indem die karitativen Einrichtungen allein als Ergebnis kirchlicher Aktivitäten betrachtet werden, ohne die staatliche Hilfe einzubeziehen, so z.B. M. PUZICHA, Christus peregrinus. Die Fremdenaufnahme (Mt. 25, 35) als Werk privater Wohltätigkeit im Urteil der Alten Kirche. Münstersche Beiträge zur Theologie, Bd. 47, Münster 1980; umgekehrt dagegen z.B. G. HARIG / J. KOLLESCH, Arzt, Kranker und Krankenpflege in der griechisch-römischen Antike und im byzantinischen Mittelalter, Helikon 13 (1973), bes. S. 283–285 (allerdings mit dem Schwerpunkt auf Justinian).

Senatoren vor Beginn jeder Sitzung zu opfern pflegten. Im gesamten zweiten Teil jener dritten *Relatio* (Antrag), die am Kaiserhof in Mailand verlesen wurde, setzte sich der römische Stadtpräfekt darüber hinaus für den Erhalt der materiellen Vorrechte ein, welche die heidnischen Priesterschaften, insbesondere die Vestalinnen, sowie die Tempel, bis vor kurzem noch erhalten hatten. Der Mailänder Bischof Ambrosius jedoch, der von dieser Bittschrift rechtzeitig Kunde erhalten hatte und sofort spürte, daß hiervon eine nicht ungefährliche Wirkung für die erst seit kurzem staatlicherseits privilegierte christliche Kirche ausgehen könnte, ließ sich von der glänzenden Diktion der Symmachusrede nicht beeindrucken. Er setzte vielmehr alles daran, daß man jene Bitten abschlägig beschied und erreichte als Berater des jungen, bereits schwankend gewordenen Kaisers Valentinian durch zwei unmißverständliche Schreiben denn auch sein Ziel.[2]

Freilich war er sich bewußt, daß Drohungen allein, selbst wenn sie bis zum Ausschluß aus dem Gottesdienst reichten, nicht genügten, dies vor allem deswegen, weil die Umgebung des Kaisers noch zu einem guten Teil aus Heiden bestand. Um jene Glaubwürdigkeit zu finden, mit der er auch kritische Zuhörer gewinnen zu können glaubte, nahm er sich speziell den zweiten Teil des heidnischen Bittgesuches über die rechtlichen und finanziellen Vorrechte

---

[2] Vgl. hierzu allgemein R. KLEIN, Symmachus. Eine tragische Gestalt des ausgehenden Heidentums, Darmstadt 1971, bes. S. 122–139 und J. WYTZES, Der letzte Kampf des Heidentums in Rom, Leiden 1977, bes. S. 98–132 sowie aus neuerer Zeit K. ROSEN, Fides contra dissimulationem. Ambrosius und Symmachus im Kampf um den Victoriaaltar, JbAC 37 (1994), S. 29–36 und W. Evenepoel, Ambrose vs. Symmachus. Christians and Pagans in AD 384, AncSoc 29 (1998/9), S. 283–306.

der heidnischen Priester und Heiligtümer vor. Was er dem
entgegensetzt, ist in Form und Inhalt gewiß nicht weniger
eindrucksvoll als das, was sein Widersacher kurz vorher
vorgetragen hatte. In seinem zweiten längeren Antwortbrief
thematisiert der Bischof nämlich voller Stolz das selbstlose
soziale Wirken der Kirche und gibt dem Kaiser Folgendes
zu bedenken:

*Nemo tamen donaria delubris et legata haruspicibus denegavit. Sola
sublata sunt praedia, quia non religiose utebantur his, quae religionis
iure defenderent. Qui nostro utuntur exemplo, cur non utebantur
officio? Nihil ecclesia sibi nisi fidem possidet. Hos reditus praebet,
hos fructus. Possessio ecclesiae sumptus est egenorum. Numerent, quos
redemerint templa captivos, quae contulerint alimenta pauperibus,
quibus exsulibus vivendi subsidia ministraverint!*

Aber niemand hat den Tempeln ihre Weihgeschenke und niemand
den Haruspices ihre Legate weggenommen. Nur ihre Grundstücke
sind eingezogen worden, weil sie den Besitz, den sie im Namen
ihrer Religion in Anspruch nahmen, nicht für religiöse Zwecke verwendeten. Wenn sie schon unsere Beispiele übernehmen, warum
haben sie nicht unsere Aufgabe übernommen? Nichts besitzt die
Kirche für sich außer ihrem Glauben. Das sind die Einkünfte, das
sind die Gewinne, die sie anzubieten hat. Der Besitz der Kirche
dient dazu, die Armen zu unterstützen. Die Heiden sollen einmal
aufzählen, wie viele Gefangene ihre Tempel losgekauft, wie viel
Nahrung sie den Notleidenden verschafft und wie vielen Verbannten sie Zuflucht für ihr Leben besorgt haben.[3]

Aus diesen Sätzen wird deutlich, daß der kluge, nicht allein
auf augenblicklichen Erfolg bedachte Mailänder Oberhirte
überzeugt ist, damit einen ganz wesentlichen Grund für die

---

[3] Ambr. epist. 73, 16. Über die Ausstattung der Tempel und ihre
Reichtümer, die übrigens mehr auf Schenkungen als auf den Renditen
der Grundstücke beruhten, vgl. D. VERA, Commento storico alle
Relationes di Quinto Aurelio Simmaco. Commento, testo, traduzione,
Pisa 1981, S. 45–47.

rasche Ausbreitung der christlichen Religion angesprochen
zu haben. Mochten die zahllosen Streitigkeiten um theologische Lehrsätze und Glaubenssymbole auf Christen wie Alt-
gläubige auch noch so abstoßend wirken, so war es, wie Ambrosius ausführt, um so mehr jene praktische Hinwendung
zu den Menschen in ihrer sozialen und wirtschaftlichen
Not, wodurch die Angehörigen des neuen Glaubens den
erwünschten Anklang fanden. Wie sehr diese Hilfsbereitschaft aber nicht allein die führenden Vertreter der Kirche
mit Stolz erfüllte, sondern bei allen Bevölkerungsschichten
einen nachhaltigen Eindruck hinterließ, nicht nur soweit
sie Christen geworden waren, bringt der vorangehende, von
nicht geringerem Selbstbewußtsein erfüllte Satz zum Ausdruck. Dort stellt der Verfasser den uneigennützigen Dienst
der christlichen Jungfrauen für die Armen und Schwachen
dem allein auf ihr standesgemäßes Wohlergehen bedachten
heidnischen Vestalinnen entgegen, für deren Priestertum
sich jedoch trotz der bisher gewährten Privilegien kaum
mehr Bewerberinnen finden ließen.

Quanto commodo sacri aerarii vestri Vestalium virginum praerogativa
detracta est? ... Itaque amplius laudi earum tribuunt, qui aliquid rei
detrahunt, siquidem saluti publicae dicata virginitas crescit merito,
cum caret praemio.

Welchen Gewinn hat Euere geheiligte Kasse davon gehabt, daß
den Vestalischen Jungfrauen ihr Steuerprivileg genommen wurde?
... Deshalb erhöht man noch ihr Ansehen, wenn man ihnen einen
Teil ihres Besitzes wegnimmt; denn ihre Jungfräulichkeit, die sie
dem Wohl des Staates geweiht haben, wird noch verdienstvoller,
wenn man sie nicht belohnt.[4]

---

[4] Symm. rel. 3, 11 (Übers. R.KLEIN, Der Streit um den Victori-
aalter. Die dritte Relatio des Symmachus und die Briefe 17, 18 und
57 des Mailänder Bischofs Ambrosius. Einführung, Text, Übersetzung
und Erläuterungen, Darmstadt 1972, 107). – Dagegen Ambr. epist.

In den Sätzen des Ambrosius verbirgt sich jedoch über die allgemeine Charakteristik christlicher Liebesdienste hinaus noch ein ganz aktueller Bezug. Wenn es heißt, die Heiden sollten konkret angeben, wie es mit ihrer Fürsorge für Gefangene, Notleidende und Verbannte stehe, so spielt der Verfasser ganz ohne Zweifel auf gewisse Maßnahmen des Heidenkaisers Julian an, der für eine wirksame Bekämpfung des ihm so verhassten Christengottes einst versuchte, bei den Anhängern der alten Götter ähnliche soziale Maßnahmen durchzusetzen. Da Julian speziell die Armenfürsorge der Christen als entscheidende Herausforderung empfand, hatte er sich eine weitgehende Nachahmung der kirchlichen Praxis als Ziel gesetzt. So beauftragte er Arsakios, den Oberpriester der Provinz Galatien, in jeder Stadt Herbergen zu errichten, damit die Fremden in den Genuß der seit alters geübten Menschenfreundlichkeit gelangten. Außerdem verfügte er, daß der Priester alljährlich eine große Menge von Getreide und Wein bereitzustellen habe, wovon ein Fünftel den bei dem Priester lebenden Armen zugute kommen sollte. Es sei doch eine Schmach, so fährt er fort, wenn die gottlosen Galiläer noch die Unseren ernährten, während diese die Hilfe von unserer Seite entbehren müßten. In seinem Pamphlet Misopogon an die undankbaren Antiochener steigert er diese Klage zu dem bitteren Vorwurf, daß sich kein Bedürftiger zu den Tempeln der Götter begebe, da er dort nichts finde, wovon er sich ernähren könne. Die von Julian gegebene Begründung läßt keinen Zweifel aufkommen,

---

73, 12: *Attollant mentis et corporis oculos, videant plebem pudoris, populum integritatis, concilium virginitatis.* Zu den ererbten Vorrechten der Vestalinnen vgl. jetzt z. B. H. Cancik-Lindemaier, Kultische Privilegierung und gesellschaftliche Realität, Saeculum 41 (1990), S. 1–16 und wiederum D. Vera, Commento storico alle Relationes di Quinto Aurelio Simmaco (wie Anm. 3), S. 44.

daß die hier gebrauchten Begriffe φιλανθρωπία (Menschenfreundlichkeit) und φιλοξενία (Gastfreundschaft), unter die
er die Hilfe für notleidende Menschen subsumiert, als ein
bewußtes Pendant zur christlichen ἀγάπη (Nächstenliebe)
und φιλαδελφία (Bruderliebe) aufzufassen sind, die seit alters
als Charakteristikum der christlichen Gemeinden galten.[5]
Freilich braucht man dabei nicht sogleich an die Errichtung
einer Heidenkirche zu denken, die Julian ins Auge gefaßt
habe, wie manchmal zu lesen ist.[6] In der provozierenden

---

[5] Epist. 39 Weis an den Priester Arsakios. Hierzu speziell J. Kabiersch, Untersuchungen zum Begriff der Philanthropia bei Kaiser
Julian, Klass.-phil. Studien, Bd. 21, Wiesbaden 1960, S. 26–28 u.
66–68 und E. Kislinger, Kaiser Julian und die (christlichen) Xenodocheia, in: ΒΥΖΑΝΤΙΟΣ, Festschrift für Herbert Hunger, Wien
1984, S. 171–184.

[6] So einst schon W. Koch, Comment l'empereur Julien tacha
de fonder une église paienne I: L'apostasie de Julien, RBPhH 6
(1927), S. 123–146. Auch neuerdings bezeichnet K. Bringmann,
Kaiser Julian. Der letzte heidnische Herrscher, Darmstadt, 2004,
S. 129–151 Julian wieder als „Hohepriester der heidnischen Staats-
kirche". Abwägend A. Lippold, Julianus (Kaiser), RAC 19 (2001),
Sp. 400: „Man kann darüber diskutieren, in wieweit … Julian sich
bei seinen Reformbemühungen von Christlichem beeinflussen ließ
und auf heidnische oder auch neuplatonische Gedanken zurückgriff."
Noch zurückhaltender z. B. H. Bellen, Grundzüge der römischen
Geschichte: Dritter Teil: Die Spätantike von Constantin bis Justinian,
Darmstadt 2003, der lediglich ein Unbehagen Julians über die
christliche Armenfürsorge konstatiert sowie ein Bemühen des Kaisers,
„dem Christentum auf allen Gebieten und mit allen Mitteln entgegen-
zutreten" (S. 100), sowie in jüngster Zeit K. Rosen, Julian. Kaiser,
Gott und Christenhasser, Stuttgart 2006, S. 304: „Eine pagane Reichskirche wäre eine so unhistorische und fremde Vorstellung gewesen, daß
Julian mit ihr sein ganzes Erneuerungsprogramm gefährdet hätte" und
weiterhin, eine ekklesia theon sei mit „Freizeit- und Honoratioren-
priestern" undenkbar gewesen. Der Verfasser meint außerdem wohl
zu Recht, daß die „äffische Nachahmung" mehr eine Erfindung des
Kirchenhistorikers Sozomenos gewesen sei, da Julian doch mehr der

Frage des Ambrosius an den Bittsteller Symmachus ist eine gewisse Befriedigung nicht zu überhören, daß die Maßnahmen des Christengegners ohne Wirkung geblieben sind, während nach seiner Überzeugung die christliche Kirche aufgrund der umfassenden Wohltätigkeit ihre Akzeptanz und immer weitere Ausbreitung verdankte. Hinzu kommt, daß vom staatlichen Einfluß bei Ambrosius nirgends die Rede ist. Dies kann doch nur bedeuten, daß es einen großen Bereich bischöflichen, aber auch privaten Wirkens in der Spätantike gegeben hat, das weitgehend ohne öffentliche Mithilfe geschah und nicht minder zur Linderung der Not beigetragen hat.

Schließlich erscheint es nötig, ehe die einzelnen christlichen Aktivitäten ins Blickfeld rücken, mit wenigen Beispielen auf die Zustände einzugehen, welche die Christen vorgefunden haben und die Julian ebenfalls ändern wollte. Hier bieten sich neben vielem anderen die Schilderungen an, die wir Johannes Chrysostomus über das syrische Antiochia verdanken. Von ihm hören wir in einer Predigt, daß es dort zwar ein Armenhaus vor der Stadt gegeben hat, in welches man alles Unangenehme abzuschieben pflegte, das aber bei weitem nicht ausreichte, von den unwürdigen Zuständen, die dort herrschten, ganz zu schweigen. Man sieht an diesem Ort, so entrüstet er sich, Männer und Frauen, die man allesamt aus der Stadt gejagt hat und die schon fast aufgefressen sind vom Aussatz und von Krebsgeschwüren. In den Vorhallen der Bäder, so an anderer Stelle, treffe man nur mit Wenigem bekleidete Menschen, geplagt von Hunger, Krankheit und Kälte, die kaum mehr fähig sind, zu

---

stoischen und aristotelischen Philosophie verpflichtet gewesen und sehr wohl auf Distanz zur „paradiesischen Friedensliebe der Christen" gegangen sei (S. 298 u. 301).

sprechen oder auch nur ihre Arme auszustrecken. Ähnliche Schreckensszenarien zeichnet übrigens der Heide Libanius, der in der Stadt am Orontes aufgrund seiner zahlreichen Schüler und der Verbindungen zu Julian ein gutes Auskommen fand und nicht allein von dem kärglichen Schulgeld wie seine Kollegen leben mußte, das Schüler und Studenten nur widerwillig zahlten. Daneben solle man die Not alter Menschen stellen, so wiederum Johannes Chrysostomus, die noch in ihren Wohnungen lebten, aber von niemandem eine wohltätige Pflege zu erwarten hätten. Solche und ähnliche Elendsbilder, entstanden aus persönlicher Begegnung, verraten in aller Deutlichkeit, daß sich für die Kirche ein weites Feld auftat, da es andere Formen der Armenhilfe kaum gegeben hat. Eben diesen Hintergrund gilt es bei den Sätzen des Ambrosius stets im Auge zu behalten.[7]

Wie aber, so ist nunmehr zu fragen, wurde dieser Dienst für den Menschen konkret verwirklicht? In welcher Weise hat man von kirchlicher Seite angesetzt, um eine Linderung zu erreichen? Es sind im wesentlichen drei Bereiche, auf welche hier im einzelnen einzugehen ist.

Als erstes denkt man naturgemäß an die eindringlichen *Mahnungen* sozial denkender Bischöfe und Presbyter, deren Predigten zum einen bewegende Zeugnisse dafür sind, welch zentrale Rolle der aus dem Neuen Testament stammende und von der frühen Kirche stets hochgehaltene Barmherzigkeitsgedanke spielte. Gleichzeitig vermitteln sie weit mehr als jeder historische Bericht einen ungeschminkten Eindruck von der katastrophalen Not der Zeit. Freilich ist festzuhalten: Mochten die Prediger die Zustände noch so

---

[7] Die beiden Chrysostomusstellen ad Stag. 3, 13 und eleem. 1 sowie Lib. or. 7, 1–2 (vgl. auch or. 46, 22). Hierzu bes. F. TINNEFELD, Die frühbyzantinische Gesellschaft. Struktur – Gegensätze – Spannungen, München 1977, S. 137–141.

unbarmherzig geißeln, so geht doch keiner von ihnen soweit – sieht man von Einzelstimmen aus dem Mönchtum ab –, den Privatbesitz gänzlich in Frage zu stellen oder gar eine grundlegende Umwälzung auf ökonomischem Gebiet zu fordern. Daran ändert auch die wiederholte Rückschau auf eine ursprüngliche Gleichheit vor dem Sündenfall nichts, woraus der Schluß gezogen wird, daß jeder Besitz den Menschen nur als Leihgabe überlassen wurde und jeder Überfluß an die Bedürftigen zu verteilen sei. Nicht um den Besitz als solchen, sondern um die ungerechte Anhäufung geht es zum Beispiel Basilius von Caesarea, der einem ebenso reichen wie habgierigen Grundbesitzer Kappadokiens zu bedenken gibt: „Den Hungrigen gehört das Brot, das du hortest, den Armen das Geld, das du vergraben hast".[8] Auch Augustinus ist es nicht darum zu tun, seine Zuhörer zur Gütergemeinschaft aufzurufen, wenn er meint, jeder Überfluß gehöre den Armen, wohl aber darum, im Sinne einer Sozialverpflichtung das Recht auf eigenen Besitz zu relativieren, um eine Praxis des Almosengebens zu begründen.[9]

---

[8] Hom. in illud Lucae, Destruam horrea mea 7. Belege über die ursprüngliche Gleichheit und die bloße Leihgabe des Reichtums, vertreten von Joh. Chrysostomos, Gregor v. Nazianz, Gregor v. Nyssa u. a., bei J. M. Salamito, Christianisierung und Neuordnung des gesellschaftlichen Lebens, in: Die Geschichte des Christentums. Religion – Politik – Kultur, Bd. 2: Das Entstehen der einen Christenheit (250–430), hrsgg. v. Ch. u. L. Pietri, Freiburg 1996, S. 791–793 sowie eine Reihe von Beispielen bei R. Bogaert. Geld (Geldwirtschaft), RAC 9 (1976), Sp. 880–890.

[9] Z. B. serm. 61, 2. Weitere Texte aus den Schriften der Kirchenväter bei Ch. Pietri, Les pauvres et la pauvreté dans l'Italie de l'Empire chrétien, in: Miscellanea historiae ecclesiasticae, VI 1: Les transformations de la société chrétienne au IVᵉ siècle, Leuven 1983, 267–300. Von der sozialen Verpflichtung des Eigentums in diesen Texten spricht E. Dassmann, Kirchengeschichte II / 2: Theologie und innerkirchliches Leben bis zum Ausgang der Spätantike, Stuttgart 1999, S. 227.

Neben der Eindringlichkeit, mit welcher man den willkür-
lichen Gebrauch des Eigentums brandmarkt, ist als weiteres
gemeinsames Merkmal die Wertschätzung der Handarbeit
in den Predigten und Briefen der Bischöfe unüberhörbar.
Im Gegensatz zum Strafcharakter in der heidnischen Antike
seit den Tagen Hesiods wandelt sich nunmehr die Arbeit
zum Erziehungsmittel des christlichen Menschen, das nicht
allein einem standesbewußten Unterhalt dient und somit
Armut verhindert, sondern über das Mönchtum hinaus
nach dem Willen Gottes seinen letzten Zweck auf einer sitt-
lich-religiösen Ebene findet.[10] Jedoch bleiben die geistlichen
Mahner nicht bei einer theologischen Belehrung stehen. Als
geschulte Prediger wissen sie, daß sie bei ihren begüterten
Zuhörern mit anschaulichen Schilderungen weit mehr erreichen können. So zeichnet zum Beispiel der kappadokische
Bischof Gregor von Nyssa ein erschreckendes Bild von
der großen Zahl von Kriegsgefangenen und Fremden, von
Bettlern, Obdachlosen und Krüppeln, die sich an die Türen
der Reichen drängen und Säulengänge, Straßen und Markt-
plätze bevölkern. Der Wohlstand eines einzigen, so lautet
der verzweifelte Ausruf, könnte die Schar dieser Armen ret-
ten, aber anstatt sie aufzunehmen und für sie zu sorgen wie
für Frauen, Kinder, Sklaven und das ganze Haus, vertreibe
man sie unbarmherzig von den Türen. Aber auch niemand

---

[10] Vgl. allgemein dazu F. Hauck, Arbeit, RAC 1 (1950), Sp. 585–
90 und H. Gülzow, Arbeit, Alte Kirche, TRE 3 (1978), S. 624 f. sowie
S. von Reden, Arbeit, DNP 1 (1996), Sp. 963–969. Zur Wertschätzung der Arbeit, insbesondere der Handarbeit durch die Kirchenväter,
was allerdings zu keiner grundlegenden Änderung der ökonomischen
Verhältnisse in der Spätantike führte, vgl. H. Holzapfel, Die sittliche
Wertung der körperlichen Arbeit im christlichen Altertum, Würzburg
1941, S. 73–140 sowie E. Patlagean, Pauvreté economique et pauvreté sociale à Bycance 4ᵉ–7ᵉ siècles, Paris 1977, S. 129–131 und H.
Chadwick, Humanität, RAC 16 (1994), Sp. 695 f.

von staatlicher Seite, so die unausgesprochene Empörung, denke an eine wirksame Hilfe. Es gibt keine Schilderung in der klassischen heidnischen Literatur, so stellte kürzlich der englische Forscher St. MITCHELL in seinem großen zweibändigen Werk über das antike Anatolien fest, die jener Reduzierung des Menschlichen auf wenig mehr als auf das Tierische sich als Parallele anbietet zu dem Leid, wie es hier Gregor in seiner ersten Predigt mit dem Titel „Über die Liebe zu den Armen" derart drastisch vor Augen führt. Gregor von Nazianz, als Seelsorger mit der Not der Bevölkerung ebenfalls unmittelbar konfrontiert, nennt Witwen und Waisen, Vertriebene und besonders Sklaven, die unbedingt Hilfe brauchen, da sie von ihren Herren mißhandelt wurden und geflohen sind. Welchen anderen Zweck sollten derart erschreckende Einblicke in die Not der Zeit verfolgen, als die fehlende staatliche Unterstützung zu beklagen und so die Zuhörer zu persönlicher Hilfe anzuspornen?[11]

Der bereits genannte Basilius, der Leiter der großen Kirchengemeinde von Caesarea, geißelt in seinen beiden Predigten „Gegen die Geldverleiher" und „An die Reichen" eindringlich den Wucher der Grundbesitzer, die gewohnt waren, großzügig Geld auszuleihen, um es später mit hohen Schuldzinsen einzufordern. Dabei nähmen sie Kinderverkauf und am Ende sogar den Selbstmord der Schuldner hin, während sie persönlich, wiewohl selbst Christen, ein aufreizend verschwenderisches Leben führten und große Summen für die stete Vermehrung ihres Reichtums auszuge-

---

[11] Greg. Nyss. hom. paup. am. 1, 10–12; hierzu S. MITCHELL, Anatolia. Land, Men and Gods in Asia Minor, vol. II, Oxford 1993, S. 83 f. und Greg. Naz. or. paup. am. 14, 10 u. ö.; vgl. R. KLEIN, Die Haltung des kappadokischen Bischöfe Basilius von Caesarea, Gregor von Nazianz und Gregor von Nyssa zur Sklaverei, Stuttgart 2000, S. 122–129; 226–228 u. 255 f.

ben pflegten. Da die Amtsträger des Staates zumeist selbst dieser Schicht angehörten, war von ihrer Seite keine Abhilfe zu erwarten. Basilius warnt jedoch ebenso eindringlich die verarmten Aristokraten vor einer eilfertigen Anhäufung von Schulden, die oft bis zum Verlust des eigenen Hauses und der persönlichen Freiheit führten. Er tut dies deswegen mit besonderem Nachdruck, weil er verhindern will, daß diese in ihrer Leichtfertigkeit erneut die Zahl derjenigen vergrößern, die wie Witwen, Gestrandete und Obdachlose öffentliche Hilfe zwar dringend benötigten, aber nicht fanden.[12] Im Westen nennt Ambrosius als Grund dieses Gebarens die gewaltigen Ausgaben, die man für Zirkusspiele, Theateraufführungen und Jagdvergnügen aufzuwenden habe. In seiner Homilie „De Tobia" widmet er sich eindringlich diesem Mißstand und zeichnet gleichfalls ein abstoßendes Bild des Wucherers, welcher die Geldentleiher soweit treibt, daß sie ihre Kinder verkaufen müßten, während andere mit dem Hunger der Armen spekulierten.[13] Auf der gleichen

---

[12] So bes. in seinen Predigten „Contra feneratores / gegen die Geldverleiher" (hom. in ps. XIV 5) und „ad divites"; auch Gregor von Nyssa schildert anschaulich die schlimmen Folgen des Geldverleihs in seiner Predigt „Contra usurarios / gegen die Wucherer". Hierzu speziell H. Forlin Patrucco, Povertà e richezza nell'avanzato IV secolo. La condanna dei mutui in Basilio di Cesarea, Aevum 47 (1973), S. 225–234 und P. Gruszka, Die Stellungnahme der Kirchenväter Kappadokiens zu der Gier nach Gold, Silber und anderen Luxuswaren im täglichen Leben der Oberschichten des 4. Jahrhunderts, Klio 63 (1981), S. 661–668.

[13] Z. B. Tob. 1, 1–13; 8, 30; 10, 36, aber auch off. 2, 109 u. Nab. 5, 21; vgl. erneut Bogaert, Geld (wie Anm. 8), Sp. 892 f. und ausführlich bereits F. H. Dudden, The Life and Times of St. Ambrose, Oxford 1935, Bd. 2, S. 401–408 u. 470–473. Zusammenfassend über dieses Problem auch R. F. Maloney, The Teaching of the Fathers on Usury. An Historical Study on the Development of Christian Thinking, VChr 27 (1973), S. 241–265.

Linie liegt schließlich die Charakteristik, welche Johannes Chrysostomus von den unbarmherzigen Reedern und Kaufleuten in Antiochia seinen Zuhörern bietet.

Dem bedenkenlosen Zinsnehmen, veranlaßt durch ein falsch verstandenes Prestigedenken verarmter Adeliger, war jedoch durch bloße Mahnungen nicht beizukommen, deshalb thematisierte man kirchlicherseits den Mißstand auf den Synoden und wandte sich schließlich an die Kaiser, welche sich durch besondere Schutzgesetze einschalten sollten, was sie durch die Einsetzung von *defensores* (Vertreter / Beschützer) auch versuchten, freilich zumeist vergeblich. Gewiß darf nicht verschwiegen werden, daß selbst Kleriker sich gelegentlich an Handel und Gewerbe beteiligten, die Pachtung von Gütern und Geschäften betrieben und dabei vor Habsucht, ungerechtem Erwerb und Zinsgeschäften nicht zurückschreckten, was durch scharfe Rügen von Synoden ebenfalls bekannt geworden ist.[14]

Mögen die eindringlichen Predigten auch manche durch das literarische Genos oder kynisch-stoischen Einfluß bedingte Übertreibungen enthalten, so erhöht sich ihr Stellenwert doch dadurch, daß darin den Gläubigen durchaus praktikable Vorschläge zur Linderung akuter Notlagen unterbreitet wurden. Man tat dies, obwohl man wußte, daß auch Mißbrauch mit der Barmherzigkeit spendenwil-

---

[14] Zu den Beschlüssen der Synoden gegen das Zinsnehmen, die wegen Nichtbeachtung häufig wiederholt wurden, vgl. St. GIET, La condamnation du pret à intéret au IVe siècle, in: Science religieuse, Paris 1944, S. 95–128 und K. BAUS / E. EWIG, Die Reichskirche nach Konstantin dem Großen, 1. Halbbd. Die Kirche von Nikaia bis Chalkedon, in: Handbuch der Kirchengeschichte, hrsg. v. H. JEDIN, Bd. II / 1, Freiburg / Br. 1985, S. 425 f. (über die Bitte einer Synode von Karthago vom J. 401 an den Kaiser um die Stellung von *defensores* zum Schutz gegen solche Übergriffe).

liger Christen betrieben wurde; denn es war offenkundig,
daß mancher berufsmäßige Bettler und Schmarotzer an
die Türen der Reichen klopfte.[15] Johannes Chrysostomus,
der als einflußreicher Presbyter in Antiochia und Bischof
in Konstantinopel das Elend der Notleidenden unmittelbar miterlebte, meinte jedoch, jeder Christ, sei es Handwerker, Bauer oder Kaufmann, möge den zehnten Teil
seiner Einkünfte für die Armenhilfe aufwenden. Noch in
der Großstadt am Orontes berichtet er, daß ein Zehntel der
Stadtbewohner sehr begütert sei, aber ebenfalls ein Zehntel
völlig verarmt leben müsse. Wenn man die gänzlich Mittellosen auf die Reichen und mittelmäßig Begüterten aufteile,
bräuchte es keinen einzigen Armen mehr zu geben. Jetzt
aber erreiche man nur einen Bruchteil der Stadtbevölkerung.
Hervorzuheben ist außerdem, daß er die Wohltätigkeit
der Kirche im Gegensatz zu gewissen Äußerungen anderer
Glaubensvertreter selbst auf Juden und Heiden ausgedehnt
wissen will.[16]

---

[15] Ambr. off. 2, 10 u. 76f.: Ein Teil dessen, was den Bedürftigen
gehört, wird eine Beute von Schurken (vgl. aber Nab. 8: Die Liebe wägt
nicht lange ab und will vor allem Not lindern); ähnlich Hieron. epist.
22, 29, 5 und Greg. Naz. or. 19; vgl. DASSMANN, Kirchengeschichte
II / 2 (wie Anm. 9), S. 228 f. Später ließen Theodosius I. und wiederum
Justinian die Bettelerlaubnis nach Stand, Gesundheit und Alter listen-
mäßig feststellen. Wer trotz Arbeitsfähigkeit bettelte, sollte die Freiheit
verlieren (CodIust 11, 26, 1).

[16] Hom. in Matth. 85, 4; ibid. 66, 3. Der Bischof thematisiert
bereits in Antiochien in der zweiten Predigt über Lazarus die Liebe
und Fürsorge zu den Armen: Christus kommt in der Gestalt des
Hungernden und Obdachlosen zu den Menschen (Laz. Conc. 2, 6);
vgl. hom. in Rom. 30,4 u. in Gal. 4, 2 f.: Almosen auch für Juden und
Heiden – es darf keinen Unterschied der Person mehr geben; so auch
Sozom. hist. eccl. VII 27, 2. Dazu O. HILTBRUNNER, Gastfreundschaft, RAC, 8 (1972), Sp. 1111 f. sowie PUZICHA, Christus peregrinus
(wie Anm. 1), S. 20 f.

Betrachtet man die in den Aufforderungen zu Almosen und Mildtätigkeit enthaltenen konkreten Ratschläge, welche sich in den Predigten allenthalben finden, so zeigt sich rasch, daß auch diese sich innerhalb der von Staat und Gesellschaft gezogenen Grenzen bewegen. Wie in den staatlichen Gesetzen vorgegeben, verurteilte man weiterhin die Sklavenflucht im allgemeinen wie auch die Flucht in ein Kloster, und zwar sogar für den Fall, daß ein Flüchtling sich zu Recht über einen grausamen Herrn beklagte. Selbst mit der von Augustinus und Gregor von Nyssa empfohlenen Freilassung von Sklaven in der Kirche ist die Bedingung verbunden, daß eine solche *manumissio* (Freilassung) kein bloßer Anspruch sein dürfe, sondern ein Geschenk, dessen man sich würdig zu erzeigen habe.[17] Wie sollte man sich hier nicht an die häufig zitierten Vorschläge des Johannes Chrysostomus erinnern, man könne doch mittellose Landbewohner als Dienstpersonal in die Häuser reicher Stadtbürger holen oder Sklaven ein Handwerk lernen lassen, anstatt sie völlig mittellos in die Freiheit wegzuschicken?[18] Auch die Weiterbeschäftigung im Hause des früheren Herrn, wie es Augustinus vorschlug, war ein gangbarer Weg, dem schlimmen Schicksal von berufs- und erwerbslosen Freigelassenen zu entgehen. Theodoret, der kluge Oberhirte der syrischen Gemeinde von Kyrrhos,

---

[17] Aug. serm. 21, 6; dazu R. KLEIN, Die Sklaverei in der Sicht der Bischöfe Ambrosius und Augustinus, Stuttgart 1988, S. 205 f.; 209–211; 224 (dort auch die Meinung des Bischofs über die Flucht von Sklaven in eine Kirche oder ein Kloster); Greg. Nyss. resur. 3; hierzu KLEIN, Die Haltung der kappadokischen Bischöfe Basilius von Caesarea, Gregor von Nazianz und Gregor von Nyssa zur Sklaverei (wie Anm. 11), S. 251 f.

[18] Hom. in epist. ad Philem. arg. und 1 Kor. 40, 5; vgl. dazu W. JAEGER, Die Sklaverei bei Johannes Chrysostomus, Diss. Kiel 1974, S. 125–132. und R. BRÄNDLE, Johannes Chrysostomus I, RAC 18 (1998), Sp. 483 f.

meinte völlig zu Recht, daß Sklaven bei einem fürsorglichen Herrn ein weitaus besseres Auskommen hätten als in der Freiheit, wo sie ungeschützt dem Hungertod preisgegeben seien. Daher sollten sie eher an den Sorgen ihres Patrons teilnehmen, der sich Tag und Nacht um den Unterhalt der Familie kümmere, als durch Ungehorsam und stetes Freiheitsverlangen Unruhe in ihre Umgebung tragen.[19]

Es war klar, daß solche Mahnungen und Ratschläge führender Kirchenvertreter nur dann verwirklicht werden konnten, wenn sich eine nicht geringe Zahl der Zuhörer zu *privater* Hilfe bereit erklärte. Man sollte nämlich, um nunmehr den zweiten Bereich in den Blick zu nehmen, trotz einer gewissen Zurückhaltung bei den begüterten Schichten nicht verkennen, daß es diese private Hilfsbereitschaft und Spendenwilligkeit in weit größerem Umfang gegeben hat, als gemeinhin angenommen wird, wenn auch nicht selten mit sanfter Nachhilfe von geistlicher Seite. Dies war umso entscheidender, weil es die private *munificentia* (Freigebigkeit) früherer Tage, wie etwa die Ausrichtung von Gastmählern oder die Beteiligung bei der Versorgung mit Nahrungsmitteln kaum mehr gab, denn all dies war bereits seit dem dritten Jahrhundert zu einer drückenden Last geworden.[20]

---

[19] Der Bischof der syrischen Stadt Kyrrhos (ca. 393–466) widmet dieser Thematik eine eigene Predigt, die er in der Metropole Antiochia hielt; vgl. dazu R. KLEIN, Die Sklavenfrage bei Theodoret von Kyrrhos: „Die 7. Rede des Bischofs über die Vorsehung", in: Romanitas – Christianitas. Untersuchungen zur Geschichte und Literatur der römischen Kaiserzeit, Festschrift für Johannes Straub, Berlin / New York 1982, S. 586–633.

[20] Während z.B. noch im 2. Jahrhundert Herodes Atticus (in Athen) und Plinius d.J. (in Como) problemlos und sogar mit Stolz spenden konnten, wurden die kostspieligen *munera* (Leistungen) als Voraussetzungen für die Bekleidung einer städtischen Magistratur schon seit dem 3. Jh. zu einer lästigen Verpflichtung (vgl. z.B. CodT-

Im Folgenden seien als herausragende Beispiele die Hospitäler genannt, welche die vornehme Fabiola und der Senator Pammachius, beide römische Freunde des Hieronymus, für Arme, Kranke und Reisende begründeten, die eine ein Hospiz in Rom, wo sie persönlich die von der Straße geholten Kranken und Gebrechlichen pflegte, und der Senator im trajanischen Tiberhafen in Ostia, wo er nach dem Tode seiner Gemahlin Paulina auch eine Basilika erbauen ließ.[21] Die Fremdenherberge am gleichen Ort entwickelte sich zu einem beliebten Sammelplatz großer Mengen Bedürftiger, und schon vorher, so Hieronymus, wurden die Türen seines Hauses, die früher die Masse der Klienten ausgespieen hatten, von den Armen belagert. Ferner seien die reichen Summen der jüngeren Melania für kirchliche und wohltätige Zwecke in Rom, Nordafrika und im Heiligen Land oder die tätige Nächstenliebe der Römerinnen Paula, De-

---

heod 12, 1, 20 und generell Dig. 50, 4); dazu H. KLOFT, Liberalitas principis. Herkunft und Bedeutung. Studien zur Prinzipatsideologie. Kölner Historische Abhandlungen, Bd. 18, Köln 1970, S. 162–166 sowie J. BLEICKEN, Verfassungs- und Sozialgeschichte des Römischen Kaiserreiches, Paderborn [3]1994, S. 96–98.

[21] Zu Pammachius vgl. Hieron. epist. 66, 5 u. 9; Paul. Nol. epist. 13 u. Pallad. hist. Laus. 62; zu Fabiola, der Ehefrau des *eruditus Oceanus* (gebildeten Oceanus), welche selbst die Armen pflegte und mit ihrem Mann eine Pilgerreise ins Heilige Land unternahm, vgl. Hieron. epist. 77, 6, 5 (Nekrolog auf F.); vgl. dazu W. ENSSLIN, Pammachius, RE 36 (1949), nr. 1, Sp. 296 f. und St. REBENICH, Hieronymus und sein Kreis. Prosopographische und sozialgeschichtliche Untersuchungen, Stuttgart 1992, S. 199–202; zu Fabiola zusammenfassend D. GORCE, DHGE 16 (1964), Sp. 319 f. sowie St. LAKE, Fabiola and the Sick: Jerome, epistula 77, in: B. FEICHTINGER/H. SENG (Hrsgg.), Die Christen und der Körper. Aspekte der Körperlichkeit in der christlichen Literatur der Spätantike, München 2004, S. 152–173. Eine informative Zusammenfassung jetzt bei O. HILTBRUNNER, Gastfreundschaft in der Antike und im frühen Christentum, Darmstadt 2005, S. 200–202.

metrias und Proba sowie der begüterten Witwe Magna aus Ankyra wenigstens kurz angesprochen.[22] Um neben Magna den Blick noch weiter nach Osten zu wenden, so sei ein Beispiel aus dem ägyptischen Oxyrhynchos herangezogen, wo ein reicher Christ im sechsten Jahrhundert 1000 Solidi im Jahr für die Armenfürsorge ausgab, für Mönche, Bettler und Flüchtlinge, genug um damit 250 Familien zu unterhalten, wie es heißt.[23] Eine solche Bereitschaft verliert auch dann nichts von ihrer Vorbildlichkeit, wenn man bedenkt, daß die Gründungen in Palästina eher auf spezielle Pilgerhospize ausgerichtet waren und weniger auf eine breit angelegte Fürsorge für die Armen. Aus dem Osten wissen wir sehr früh von Stiftungen christlicher Senatoren in der Hauptstadt Konstantinopel, genannt werden vor allem die Namen Zotikos und Sampson, die bereits mit Konstantin in seine Neugründung an den Bosporus gekommen waren und dort

---

[22] Schon Melania d. Ä. hatte auf dem Ölberg in Jerusalem ein Kloster begründet. Eine Übersicht über die Tätigkeit der Enkelin, der jüngeren M., gibt D. Gorce einleitend in seiner Ausgabe der wahrscheinlich von dem Jerusalemer Mönch Gerontius stammenden Lebensbeschreibung der Heiligen: Vie de Sainte Mélanie, SChr 90, Paris 1962, bes. S. 62–77; über ihre Stiftungen im Heiligen Land bes. E. D. Hunt, Holy Land Pilgrimage in the Later Roman Empire AD 312–460, Oxford [2]1996, S. 199–204 u. ö.; zu Paula und ihrer Tochter Eustochium vgl. Hieron. epist. 108, 15 ff.; zu der aus dem vornehmen Geschlecht der Anicier stammenden Demetrias, an die Pelagius eine asketische Abhandlung richtete, ders. epist. 130, 14; zu Magna vgl. Pallad. hist. Laus. 67, 2. Zahlreiche Stiftungen weiterer frommer Frauen im ganzen Reich werden aufgelistet von J.-U. Krause, Witwen und Waisen im römischen Reich IV: Witwen und Waisen im frühen Christentum. Stuttgart 1995, S. 93–108.

[23] Hierzu P. Brown, Macht und Rhetorik in der Spätantike. Der Weg zu einem „christlichen Imperium", München 1995, S. 121 (die Angabe verdanken wir der Vita Petrus' des Iberers).

Armenherbergen eingerichtet haben sollen.[24] Insgesamt passen auf alle diese Wohltäter die ehrenden Inschriften „Freunde der Armen", wie sie nunmehr auf Grabsteinen sichtbar werden, in der heidnischen Tradition jedoch unbekannt sind; denn jetzt werden die Armen nicht mehr mit Mißtrauen oder gar Verachtung angesehen, wie wir dies etwa noch bei Libanius erfahren, der zum Beispiel die Meinung vertrat, daß diese kein Anrecht auf einen Platz im Theater besäßen.[25] Der Arme erhielt vielmehr als leidender Bruder Christi eine eigene Würde. Schließlich erstreckte sich die Wohltätigkeit nicht nur auf Einzelpersonen, denn zur Zeit Gregors d. Gr. hören wir vom Engagement ganzer Gemeinden etwa in Sizilien, das unter der Leitung ihrer Bischöfe den ärmeren Schichten zugute kam.[26]

---

[24] Prokop aedif. I 2, 15; vgl. dazu F. HALKIN, Saint Samson, le xénodoque de Constantinople, RSBN 14/16 (1977/78), S. 13 f. Es sollen insgesamt 12 Senatoren im Gefolge Konstantins derartige Einrichtungen gestiftet haben (Synopsis, Chronica 53, 8–14), aber die Mehrzahl der Fälle beruht wohl auf späterer Erfindung.

[25] Lib. or. 38, 4 f.; 41, 11; 62, 11. Das Problem behandelt von TINNEFELD, Die frühbyzantinische Gesellschaft (wie Anm. 7), S. 138 f. Zur Bezeichnung „Freund der Armen" vgl. L. PIETRI, Épigraphie et culture. L' évolution de l'éloge funéraire dans les textes de l'occident chrétien (IIIᶜ–VIᶜ siècle), in: Le trasformazioni della cultura nella tarda Antichità. Atti del convegno tenuto a Catania, Rom 1985, 174 f. und wiederum BROWN, Macht und Rhetorik in der Spätantike (wie Anm. 23), S. 157–183 sowie J.-U. KRAUSE, Witwen und Waisen im frühen Christentum (wie Anm. 22), S. 47.

[26] Darüber ausführlich E. CASPAR, Geschichte des Papsttums von den Anfängen bis zur Höhe der Weltherrschaft, 2. Bd.: Das Papsttum unter byzantinischer Herrschaft, Tübingen 1933, S. 327–339 sowie J. RICHARDS, Gregor der Große. Sein Leben – seine Zeit, Graz 1983, S. 133–146. Ein Beispiel aus früherer Zeit stammt aus Lilybaeum in Sizilien, wo der Bischof die Fremden aufnahm und die Gemeinde einen bestimmten Beitrag beisteuerte (Greg. M. epist. 9, 198).

Als Motive für den karitativen Einsatz, mit dem man die
fehlende staatliche Hilfe ersetzen wollte, werden bei Hieronymus und anderen in gleicher Weise das Streben nach
asketischer Vollkommenheit, die Einsetzung Christi als Erbe
des Reichtums, die Hoffnung auf himmlische Belohnung
und schließlich die Erwartung, daß der Arme im Jenseits als Fürsprecher auftreten werde, angeführt. Auf diesen
letzten Gesichtspunkt legt man in der Forschung in jüngster
Zeit besonderen Wert, da man daraus entgegen früherer
Ansicht die Tatsache ableiten zu können glaubt, daß die
selbstlose Fürsorge der vornehmen römischen Damen allen
Bedürftigen gegolten hat, mochten sie Christen gewesen
sein oder nicht.[27] Wenn allerdings in der Gerontiusvita der
jüngeren Melania eigens hervorgehoben wird, daß Juden,
Heiden und Häretiker durch die Gaben und Belehrung
der vornehmen Römerin für Gott gewonnen worden seien,
so wird klar, daß die tätige Mission ein ganz wesentlicher
Antrieb für ihre Handlungsweise gewesen ist.[28]

---

[27] So jetzt vor allem G. DISSELKAMP, „Christiani Senatus Lumina".
Zum Anteil römischer Frauen der Oberschicht im 4. und 5. Jahrhundert
an der Christianisierung der römischen Senatsaristokratie, Theophania,
Bd. 34, Bodenheim 1997, S. 178–196 (mit Belegen aus Hieronymus,
Paulinus von Nola, Augustinus). Sie bezieht damit Stellung vor allem
gegen PUZICHA, Christus peregrinus (wie Anm. 1), S. 60–65.

[28] Ger. vit. Mel. Graec. 20; vgl. DISSELKAMP, „Christiani Senatus
Lumina" (wie Anm. 27), S. 182: „Auch im sozial-karitativen Engagement waren die Frauen also von missionarischem Eifer getrieben.
Aufgrund dieses Missionswillens setzten sie sich über die Opinio
communis der alten Kirche hinweg und erweiterten den Kreis der
Hilfe Empfangenden gerade um die Gruppe der Nicht- und Anders-
gläubigen. Ihre Wohltätigkeit an Fremden, Alten und Kranken ist
somit radikaler als die ihrer christlichen Zeitgenossen, sie ist vom Maß-
stab der Bedürftigkeit des Empfängers bestimmt und auf Bekehrung
angelegt".

Allerdings dürfen die Nachteile und Gefahren einer häufig übersteigerten Wohltätigkeit nicht unerwähnt bleiben. So konnten der Wille zum Verzicht und die ausschließliche Hinwendung zu Notleidenden und Fremden derart gravierende Ausmaße annehmen, daß dies die wirtschaftliche Grundlage auch reicher Familien bedrohte, woraus Mißgunst und Streit zwischen den einzelnen Familienmitgliedern entstanden, und dies vor allem dann, wenn ein Familienmitglied, zumeist der Mann, noch der alten Religion anhing. So hören wir zum Beispiel, daß die jüngere Melania in Jerusalem von ihrem riesigen Vermögen nach ihren reichen Spenden gerade noch 50 Goldstücke übrig hatte, die sie trotzdem an einen Bischof verschenkte.[29] Umgekehrt findet sich als weiterer Kritikpunkt führender Kirchenvertreter, aber auch von heidnischer Seite, daß damit nicht selten ein ungebührliches Streben nach Beliebtheit und persönlicher Repräsentation verbunden gewesen sei. So erregt sich zum Beispiel Johannes Chrysostomus über einen Reichen, der von Ruhmsucht wie von Trunkenheit erfaßt worden sei und erheblichen Besitz für öffentliche Veranstaltungen und Wohltaten ausgegeben habe, nur um von allen gelobt zu werden. Das Verlangen der unteren Schichten nach öffentlicher Unterhaltung und die erheblichen Mittel, die dafür ausgegeben wurden, waren

---

[29] Ger. vit. Mel. Graec. 20; die ablehnende Reaktion ist nicht nur bei heidnischen Familienangehörigen und allgemein bei Heiden festzustellen, sondern auch bei manchen Christen. Während Hieronymus zu konsequentem Verzicht auf Reichtum auffordert (z. B. epist. 130,14), meinen Ambrosius und Augustinus, daß die finanziellen Ressourcen einer Familie nicht völlig erschöpft werden dürften; vgl. dazu B. Ramsey, Alsmgiving in the Latin Church, The Late Fourth and Early Fifth Century, TS 43 (1982), S. 233 f. Allgemein hierzu A. Giardina, Carità eversiva. Le donazioni di Melania la Giovane e gli equilibri della società tardoromana, Studi storici 29 (1988), S. 127–142.

ohnehin ein steter Anlaß für den Tadel sozial denkender Bischöfe. Man könnte hier auch an eine reiche römische Dame erinnern, die nach Auskunft des Hieronymus in Begleitung ihrer Eunuchen in der Basilika von St. Peter Münzen an Arme verteilte, um besonders fromm zu erscheinen, ohne Zweifel eine Fortsetzung des Euergetismus der oberen Stände früherer Zeiten, wie ebenfalls immer wieder hervorgehoben wird. Die bereits erwähnte Witwe Magna ließ dagegen in Ankyra den Bettlern und durchreisenden Pilgern ihre Hilfe im Verborgenen angedeihen, wie der Historiker Palladius besonders zu rühmen weiß.[30] Insgesamt sollten der Gewinn einer neuen christlichen Klientel und der Aufbau neuer *amicitiae,* der damit verbunden war, jedoch nicht von der Tatsache ablenken, daß der hier sichtbare persönliche Einsatz von christlicher Seite trotz allem eine geänderte Einstellung vermögender Kreise zu den Notleidenden sichtbar werden läßt. Eben dies wie die ernsten Mahnungen der Bischöfe werden, so könnte man zusammenfassen, erst auf dem Hintergrund einer Gesellschaft ohne Sozialversorgung in einer beispiellosen wirtschaftlichen Notzeit verständlich.

Allerdings konnte dies noch immer nicht alles sein, denn aufs Ganze gesehen gelang es selbst einer umfassenden freien Wohltätigkeit einzelner nicht, die zunehmende Armut zu lindern, wie sie zum Beispiel in der ständig steigenden Zahl der Bettler greifbar wird. Daher mußte als dritter Bereich eine großzügige *organisatorische* Fürsorge unter

---

[30] Joh. Chrys., Über Hoffart und Kindererziehung 4–7 (Erregung über unnötige Ausgaben). Hieron. epist. 22, 32 (über die Verteilung von Münzen in der Peterskirche). Pallad. hist. Laus. 67, 2 (über Magna). Kurz dazu Krause, Witwen und Waisen im frühen Christentum (wie Anm. 22), S. 95 und Salamito, Christianisierung und Neuordnung des gesellschaftlichen Lebens (wie Anm. 8), S. 794–796.

Leitung von Bischöfen und Klosteräbten hinzutreten, die sich einer Schar von Diakonen und später von Ökonomen bedienten, um wenigstens annähernd der sozialen Realität gerecht zu werden. Wie sehr man sich hierbei von den staatlichen Maßnahmen unterschied, mag an einem Beispiel deutlich werden. Erließ etwa der Kaiser Valentinian II. im Jahre 382 strenge Gesetze gegen den Zuzug Fremder nach Rom und machte dabei alle gesunden Bettler, die damals aufgegriffen wurden, kurzerhand zu Sklaven oder *coloni perpetui* (beständige Bauern), so übernahm die Kirche die Kosten, um auch die Armen an einem bestimmten Ort festzuhalten.[31] Wegen des Anschwellens der großstädtischen Gemeinden setzte man eigene Armenbezirke fest und legte Matrikel an, wie sie bereits für das vierte Jahrhundert im Osten für Antiochia und Edessa, aber auch für das westliche Hippo durch Augustinus belegt sind. Κατάλογοι ist der Begriff für das Verzeichnis des Johannes Chrysostomus in Antiochia, wo nach seinen Angaben bereits Ende des vierten Jahrhunderts 3000 Witwen und Jungfrauen eingetragen waren.[32] Diese „öffentlichen Armen der Kirche", welche sich außerdem in Ägypten, aber auch anderswo der Hilfe der Klöster erfreuten, erscheinen in Gallien seit dem fünften Jahrhundert unter der Bezeichnung *matricularii* (in der Liste

---

[31] CodTheod 14, 18, 1; auf diesen Gegensatz wird großer Wert gelegt von Brown, Macht und Rhetorik in der Spätantike (wie Anm. 23), S. 128 f.

[32] Zu Joh. Chrysostomus vgl. hom. in 1 Kor. 21, 7; hom. in Matth 66, 3; 85, 4; zu Augustinus vgl. epist. 20, 2 Divjak (*„Matricula pauperum"*, Armenverzeichnis*);* dazu M. Rouché, La matricule des pauvres. Evolution d'une institution de charité du Bas Empire jusqu' à la fin du Haut Moyen Age, in: M. Mollat (ed.): Études sur l'histoire de la pauvreté I, Paris 1974, S. 83–109 und im Überblick wiederum Salamito, Christianisierung und Neuordnung des gesellschaftlichen Lebens (wie Anm. 8), S. 785–790.

verzeichnete Bedürftige) als ständig anwachsende Gruppe
von Menschen, die von der Kirche einen festen Unterhalt
bezogen und wegen ihrer großen Zahl die Arbeitskraft der
Bischöfe beinahe über Gebühr beanspruchten. Es läßt sich
besonders für Gallien gut zeigen, wie der Begriff *matricula*
(öffentliches Verzeichnis) ebenso wie das Wort Diakonie
alsbald die Fürsorgeeinrichtung selbst bezeichnete, in der
die Bedürftigen neben dem Bischofshaus und weiteren Ge-
bäuden Nahrung und Auskommen fanden. Dies war um so
nötiger, als damals in den gallischen Ländern die zentrale
staatliche Verwaltung fast gänzlich zusammengebrochen
war.[33] Bischof sollte vor allem derjenige werden, wie es der
hohe Beamte Apollinaris Sidonius in einer Empfehlung
ausspricht, der Bürgern, Klerikern und Fremden, hoch
und niedrig, am ehesten *humanitas* (Mitmenschlichkeit)
gewährt.[34] Aber auch in Rom ließen bereits die Bischöfe
des ausgehenden fünften Jahrhunderts alle Monate Korn,
Öl und Fleisch auf Wagen durch die Straßen fahren und an
die Bedürftigen ohne Ansehen der Person verteilen. Sollte
hierbei nicht die Erinnerung an die nicht mehr vorhandene
staatliche Getreideversorgung Vorbild gewesen sein, zumal

---

[33] Dazu jetzt ausführlich Th. STERNBERG, Orientalium more secutus. Räume und Institutionen der caritas des 5. bis 7. Jahrhunderts in
Gallien, JbAC, Ergbd. 16, Münster 1991, S. 105–146.

[34] Epist. 7, 9, 19; weitere Beispiele dieser Art bei HILTBRUNNER,
Gastfreundschaft, RAC 8 (wie Anm. 16), Sp. 1114. Für den Osten
wäre als besonders vorbildhaft anzuführen der orthodoxe Patriarch Johannes III Eleemon (oder Eleemosynarius) von Alexandria (610–619),
der seinen Beinamen durch seine legendäre Barmherzigkeit erhielt, die
über Ägypten hinausreichte, und dadurch auch die monophysitische
Bevölkerung beeindruckte (nach der Vita des Leontius von Neapolis
auf Cypern). Vgl. hierzu zusammenfassend J.-M. SAUGET, Giovanni
l'Elemosiniere, in: A. DI BERARDINO (ed.), Dizionario patristico e di
antichità cristiane, vol. II, Casale Monferrato 1983, Sp. 1564–1566.

die Verteilung zumeist an den alten Plätzen der *cura annona-
ria* (Getreideverwaltung / -verteilung) stattfand, wie wir aus
der Gregorvita des Paulus Diaconus wissen?[35]

Um die Mittel bereitzustellen, erteilten Päpste und Konzilien bereits vor Gregor dem Großen den neu ordinierten
Bischöfen die Weisung, daß von allen Einkünften neben der
eigenen Versorgung und der des Klerus sowie dem Unterhalt
bzw. dem Bau von Kirchen ein Viertel für die Armen
zur Verfügung stehen solle.[36] Als spezielle Aufgabe sahen
die Oberhirten den Loskauf von Gefangenen aus der unwürdigen Knechtschaft der Barbaren an, selbst wenn hierfür
wertvolles liturgisches Gerät aus Gold und Silber verkauft
werden mußte, wie dies von Ambrosius und Augustinus
rühmend berichtet wird. Hierfür erlaubten die Kaiser sogar
eine Ausnahme von dem Verbot, Kirchengut zu verkaufen.[37]

---

[35] Z. B. Paul. Diac. vit. Greg. M. 2, 26; 28; vgl. dazu G. Jenal,
Gregor der Große und die Stadt Rom (590–604), in: F. Prinz (Hrsg.),
Herrschaft und Kirche. Beiträge zur Entstehung und Wirkungsweise
episkopaler und monastischer Organisationsformen, Stuttgart 1988,
S. 109–145. Auch wenn erst Gregor diese karitative Tätigkeit in ein
festes System brachte, geht die kostenlose Versorgung der römischen
Bevölkerung bereits auf frühere Zeit zurück. Zu den Verteilungs-
stellen der heidnisch-römischen *frumentatio* (Getreideverteilung) bzw.
der verschiedenen Nahrungsmittel, ebenfalls aufgrund von Listen an
bestimmten Plätzen der Stadt, vgl. E. Tengström, Bread for the
People. Studies in the Corn – Supply of Rome during the Late Empire,
Stockholm 1974, S. 73–95 und W. Jongmann, Cura annonae, DNP
3 (1997), Sp. 234 f. Über die Spätzeit sehr ausführlich R. Hermes, Die
stadtrömischen Diakonien, RQA 91 (1996), S. 1–120.

[36] Die Vierteilung, eingeführt unter den Päpsten Simplicius (468–
483) und Gelasius I. (492–496), setzte sich rasch durch und wurde von
Gregor d. Gr. in großem Stil übernommen (z. B. epist. 11, 56); vgl. z. B.
F. M. Heichelheim, Domäne, RAC 4 (1959), Sp. 66 und P. Landau,
Kirchengut, TRE 12 (1983), S. 563 f.

[37] Ambr. off. 2, 136–143; Paulin. vit. Ambr. 38; Possid. vit. Aug.
24; Greg. M. epist. 7, 13; 35. CodIust 1, 2, 21 erteilt hierfür eine

Ganz allgemein heißt es wiederholt bei dem Oberhirten von Hippo, daß die Häuser der Bischöfe und Kleriker jederzeit offen stehen sollten, um die Not der Bedürftigen zu lindern und Fremden eine vorübergehende Herberge anzubieten. Arm und Reich sollten an ihren Tischen zu Hause sein, wie wenn es Christus selber wäre, der um eine Gabe bäte, so lautet die Mahnung des Hieronymus unter Berufung auf das biblische Gebot der Gastfreundschaft (1 Tim. 3,2). Umgekehrt mahnt er aber auch, daß man Klerikern, die in eigenem Interesse Geschäfte trieben, aus dem Wege gehen solle wie einer schlimmen Pest.[38]

Als herausragendste Leistung der christlichen *caritas* (Nächstenliebe) ist ohne Zweifel die Errichtung von Häusern zu werten, die der Krankenpflege sowie der Fürsorge für Fremde, Arme und Alte, Witwen und Waisen dienten und ihre Gründung entweder Bischöfen, Klöstern oder auch Privatpersonen verdankten. Freilich standen auch die letzteren unter bischöflicher Aufsicht. In diesen von der Kirche eigenständig und großenteils auf eigene Kosten, das heißt aus frommen Stiftungen und aus den Erträgen der Kirchengüter betriebenen Xenodochien, die es in derartiger Form in der heidnischen Antike nicht gegeben hat

---

Ausnahme vom Verkaufsverbot; vgl. HILTBRUNNER, Gastfreundschaft, RAC 8 (wie Anm. 16), Sp. 1113. Gewiß werden solche Aktionen besonders rühmlich herausgestellt. Doch hat man zu Recht betont, auch wenn der Verkauf von Kirchenschätzen gelegentlich zum Topos erstarre, so bleibe doch „die hohe Bedeutung und Vorsorge dessen, was so beschrieben wird."; so Th. STERNBERG, „Aurum utile". Zu einem Topos vom Vorrang der Caritas über Kirchenschätze seit Ambrosius, JbAC 39 (1996), S. 148.

[38] Hieron. epist. 52, 5, 3 f. (allerdings sollen Frauen niemals das Haus von Priestern betreten); zu Augustin vgl. serm. 235, 3; 236, 3; conf. 6, 3, 3; Possid. vit. Aug. 27. Dazu P. BROWN, Poverty and Leadership in the Later Roman Empire, Hanover–London 2002, S. 1–45.

– es gab lediglich kommerziell betriebene Pandochien mit
zweifelhaftem Ruf –, hat man mit Recht den Beginn einer
christlich – sozialen Fürsorge gesehen, die richtungweisend
für die Zukunft geworden ist.[39] Solche Herbergen, die wohl
als Abgrenzung eines bestimmten Teils der *domus ecclesiae*
(Kirche) oder des Bischofshauses entstanden sind, waren
zunächst für durchreisende Fremde gedacht, im besonderen
für den jetzt einsetzenden Pilgerstrom zu den Wallfahrts-
stätten im Heiligen Land, aber auch zu anderen verehrungswürdigen Orten; denn den Reisenden wollte man auf diese
Weise eine Unterkunft in gewerblichen Wirtshäusern er-
sparen. Daß mit dem Zustrom von Pilgern naturgemäß
ein wirtschaftlicher Aufschwung der betreffenden Gegend
verbunden war, liegt auf der Hand.[40] Bald erweiterte sich
die Funktion auf christliche Liebesdienste jeglicher Art,
freilich manchmal auch unterstützt nicht nur von reichen
Senatoren, sondern sogar von Mitgliedern des kaiserlichen
Hauses, was so weit ging, daß zum Beispiel Flacilla, die
fromme Gemahlin Theodosius' I., persönlich Pflegedienste

---

[39] Auf die Neuartigkeit dieser christlichen Herbergen macht besonders O. HILTBRUNNER aufmerksam, der sich eingehend mit der
historischen Entwicklung und regionalen Verbreitung beschäftigt hat,
ξενοδοχεῖον, RE 9 A 2 (1967), Sp. 1487–1503 und jetzt: Gastfreundschaft in der Antike und im frühen Christentum (wie Anm. 21),
S. 182–207; vgl. auch A. MARCONE: „The termes which designate
almshouses, orphanages and hospitals are not attested in classical
Greek or Latin and only appear in the Christian era: brand-new names
correspond to brand-new institutions" (Late Roman Social Relations,
CAH, vol. XIII: The Late Roman Empire, A. D. 337–425, Cambridge
1998, S. 342).
[40] Hierzu einschlägig M. AVI – YONAH, The Economics of Byzantine Palestine, IEJ 8 (1958), S. 39–51 und G. STEMBERGER, Juden
und Christen im Heiligen Land. Palästina unter Konstantin und Theodosius, München 1987, S. 74–76 u. 102–104 (Kritik des Hieronymus
z. B. epist. 54, 2–4 und Gregors von Nyssa epist. 2, 10).

in den Xenodochien der Kirchen leistete.[41] Mit der Errichtung von Armen- und Krankenhäusern (Ptochotrophia und Nosokomia), Alten- und Witwenheimen (Gerontokomia und Cherotrophia) und sogar Unterkünften für Säuglinge und Findelkinder (Brephotrophia und Orphanotrophia), die alle aus den ursprünglichen Xenodochien hervorgingen und sich auch der Befreiung von besonderen Steuern erfreuten, wetteiferten die Bischöfe mit den Vorstehern der Klöster, denen naturgemäß die Aufnahme und Pflege von Pilgern sowie die Gewöhnung von länger anwesenden Fremden an eine geregelte Handarbeit am Herzen lagen.[42]

Schon früh muß diese Form einer uneigennützigen Hinwendung zum Menschen um Christi willen an Attraktivität gewonnen haben, denn nur so wird die eingangs genannte kurzfristige Nachahmung dieser Form von Menschenliebe durch Julian zur Wiederbelebung des Heidentums verständlich.[43] Dieser Versuch ist übrigens ein klares Zeichen

---

[41] Der Bericht des Kirchenhistorikers Theodoret hist. eccl. V 19, 2–4 wird sicherlich zu Unrecht angezweifelt von H. Leppin, Theodosius der Große. Auf dem Weg zum christlichen Imperium, Darmstadt 2003, S. 130. Gregor von Nyssa hielt dieser Kaiserin aufgrund ihrer besonderen Tugenden eine begeisterte Grabrede, die er geradezu zu einem Fürstinnenspiegel ausgestalten konnte; vgl. F. Bernardi, La prédication des Pères Cappadociens. La prédication et son auditoire, Paris 1968, S. 318–314. und von historischer Seite K. G. Holum, Theodosian Empresses. Women and Imperial Dominion in Late Antiquity, Berkeley 1982, S. 22–34.

[42] Schon in der Didache 12 (Ende des 2. Jh.) wird dies für einen Aufenthalt von Fremden von mehr als 2 bis 3 Tagen in einer Gemeinde zur Auflage gemacht; die Regelung wird sodann von den Klöstern des Pachomius übernommen (reg. 50–52); dazu etwa K. S. Frank, Grundzüge der Geschichte des christlichen Mönchtums, Darmstadt ⁴1975, S. 23–25.

[43] Wenn Julian nirgendwo die Krankenpflege der Christen erwähnt bzw. kritisiert, so Kislinger, Kaiser Julian und die (christlichen)

dafür, daß es bereits um die Mitte des vierten Jahrhunderts zahlreiche Herbergen solcher Art gegeben hat, auch wenn der Konzilsbeschluß über eine generelle Errichtung erst ins fünfte Jahrhundert fällt.[44] Daß jene Einrichtungen einer praktischen Nächstenliebe, welche erstmals allen Bedürftigen zugute kamen, von den weltlichen Herrschern mit Wohlwollen und mit eigenen Spenden begleitet wurden, ist gut belegt, auch wenn diese gelegentlich regulierend eingreifen zu müssen glaubten wie etwa durch ein Veräußerungsverbot von Stiftungen, ferner bei dem Versuch, eigene Gewinne zu erwirtschaften oder im Falle Justinians durch eine Begrenzung des Personals.[45] Schließlich gab es unter diesem Kaiser, mit dem die in der Zeit Konstantins beginnende schwerpunktmäßig kirchlich geprägte φιλανθρωπία (Mitmenschlichkeit) ihren Höhepunkt erreichte, in Konstantinopel dreizehn Xenodochien, drei voll eingerichtete Krankenhäuser, ein Lepraheim, ein Findlingsheim, vierzehn

---

Xenodocheia (wie Anm. 5) zu Recht (S. 177), dann deswegen, weil die heidnische Antike keine ständigen, allen zugänglichen Krankenhäuser kannte und er deswegen die existierenden Formen medizinischer Betreuung, unter anderem den Heilkult in Tempeln, als der christlichen Herausforderung gewachsen erachtet. Speziell zur christlichen Krankenpflege und zur Auffächerung in spezielle Wohltätigkeitsanstalten im Osten, vgl. Chr. GNILKA, Altersversorgung, RAC 1, Suppl. 1/2 (1985), Sp. 286–288.

[44] Hierzu STERNBERG, Orientalium more secutus (wie Anm. 33), S. 153 über den Kanon 75 des Nicaenums, der jedoch erst ins 5. Jh. zu datieren ist.

[45] NovIust 3, 1, 1: Beschränkung des Krankenhauspersonals; Nov. 7, 1; Greg. M. epist. 14, 2: Keine privaten Gewinne erwirtschaften usw; CodIust 1, 2, 14 u. 21: Veräußerungs- und Verpfändungsverbot für das Kirchengut, also auch für die der Armenfürsorge zustehenden Mittel usw.; dazu etwa O. MAZAL, Justinian I. und seine Zeit. Geschichte und Kultur des Byzantinischen Reiches im 6. Jahrhundert, Köln 2001, bes. 269–299.

Altersheime und ein Armenhaus. Zahlreiche Frauenklöster nahmen ausgesetzte Kinder und verlassene Mädchen auf. Ähnlich beeindruckende Zahlen sind aus anderen Städten dieser Zeit bekannt.[46] Aber selbst unter dem erheblich stärker als früher reglementierenden Justinian, der gewiß mit Zuwendungen ebenfalls nicht geizte, blieben Betrieb und Organisation in geistlichen Händen. Man hat im übrigen wiederholt darauf aufmerksam gemacht, daß die aus den Xenodochien entstandenen Krankenhäuser später von den Sassaniden und sodann von der islamischen Kultur übernommen wurden.[47]

Zahlreich sind die Belege für solche segensreichen Einrichtungen in den verschiedenen Provinzen des Reiches, auch wenn nicht verschwiegen werden darf, daß Bischöfe und Äbte nicht selten nur eigene Glaubensgefährten aufnehmen wollten, auf gar keinen Fall Häretiker, wie es zum Beispiel Hieronymus in mehreren seiner Briefe deutlich zum Ausdruck bringt.[48] So eröffnete wohl schon 356 Ephräm, der geistliche Leiter der Gemeinde von Edessa, während

---

[46] Über den erfolgreichen Abschluß der mit Konstantin beginnenden kirchlich-staatlichen φιλανθρωπία (Mitmenschlichkeit) unter Justinian vgl. H. KRUMPHOLZ, Über sozialstaatliche Aspekte in der Novellengesetzgebung Justinians, Diss. Bonn 1992, S. 29–44.

[47] Vgl. z. B. HILTBRUNNER, ξενοδοχεῖον (wie Anm. 39), Sp. 1502: „So übernahmen die Araber die christlichen Hospitäler und die griechische Medizinwissenschaft"; noch eingehender in: Gastfreundschaft in der Antike und im frühen Christentum (wie Anm. 39), S. 199. Der Autor macht hier darauf aufmerksam, daß die ärztlichen Leiter dieser islamischen Krankenhäuser bis ins 10. Jh. überwiegend Christen waren.

[48] Bevorzugung der eigenen Glaubensgefährten z. B. Hieron. epist. 130, 14; vgl. dazu D. GORCE, Gastfreundschaft, RAC 8 (1972), Sp. 1118; zur Ausweitung der eigenen Machtstellung (mit einer gewissen Nachfolge der heidnischen Stadtpatrone und Wohltäter) vgl. BROWN, Macht und Rhetorik in der Spätantike (wie Anm. 23),

einer Hungersnot ein Hospital mit 300 Betten, die er
darüber hinaus in den Säulenhallen der Stadt aufstellen
ließ. Ins gleiche Jahr ist die Herberge des Eustathius von
Sebaste für gänzlich Mittellose zu datieren, als deren Leiter
er einen ihm bekannten Kleriker bestimmte. In Antiochia
wird ebenfalls sehr früh eine große Herberge erwähnt, in
der Kranke und Alte beiderlei Geschlechts, Reisende und
Krüppel von der Kirche unentgeltlich versorgt wurden,
während im Heiligen Land unter der tatkräftigen Führung
der Ortsbischöfe von Jerusalem und nicht selten unterstützt
von kaiserlichen Spenden das Hospizwesen vom vierten bis
zum sechsten Jahrhundert einen ungeahnten Aufschwung
nahm.[49] Hatte in Konstantinopel der als Prediger hochange-
sehene, aber selbst gegen die Damen des kaiserlichen Hauses
recht eigenwillige Patriarch Johannes Chrysostomus mit den
Spenden der reichen Senatorenwitwe Olympias mehrere
Krankenanstalten begründet, die er zwei Presbytern unter-
stellte, mit Ärzten, Köchen und Coelibateren als Dienstpersonal,[50] so sollten die berühmten Basileias vor den Toren

---

S. 95–152 und Chr. RAPP, Elite Status of Bishops in Late Antiquity,
Arethusa 33 (2000), S. 379–399.

[49] Sozom. hist. eccl. III 16 (über Ephräm); über Antiochia vgl. Joh.
Chrys. hom. in Matth. 66, 3; in der Nähe der Stadt befand sich die
Wallfahrtsstätte des hl. Symeon Stylites mit einer Klosteranlage und
mehreren Herbergen; vgl. W. MAYER, Patronage, Pastoral Care and the
Role of the Bishop at Antioch, VChr 5 (2001), S. 58–70; zu Eustathius
vgl. Epiph. haer. 75, 1, 3: Der Bischof übergibt seinem Rivalen
Aerius die Leitung eines Ptochotrophion. Zum stetig wachsenden
Hospizwesen im Hl. Land vgl. etwa B. KÖTTING, Peregrinatio religiosa.
Wallfahrten in der Antike und das Pilgerwesen in der alten Kirche,
Münster ²1980, S. 375–388.

[50] Pallad. vit. Chrys. 5, 128–139; 12, 32–38. Er nutzte z. B. die
Zuwendungen der Olympias neben einer generellen Ausweitung der
Almosenvergabe zum Bau von Krankenhäusern und Fremdenhospizen,
deren Unterhalt er ebenfalls durch konkrete Bestimmungen absicherte;

des kleinasiatischen Caesarea bald zum Vorbild der orienta-
lischen Hospitäler schlechthin werden. Die Gründung des
ebenso diplomatisch klugen wie außerordentlich rührigen
Metropoliten Basilius, der sich zudem einiger Grundstücks-
schenkungen des Kaisers Valens erfreuen konnte, wird von
Gregor von Nazianz geradezu als νέα πόλις, als Trabanten-
stadt, bezeichnet. Was der Besucher vor sich hatte, war ein
Gebetshaus, in dem der Bischof mit seinen Klerikern selbst
Wohnung nahm, darum gruppierte sich eine ausgedehnte
Anlage mit Hospizen für die Fremden und Häusern für
die Armen mit verschiedenen Abteilungen der Pflege unter
der Leitung von Ärzten und Krankenpflegern. Daneben
waren Werkstätten errichtet, in welchen die Mönche für
jedes zum Leben notwendige Handwerk ein angemessenes
Betätigungsfeld fanden, wie wir es aus einem Brief des
Gründers selbst erfahren. Es ist durchaus möglich, daß der
nach Armenien ins Exil getriebene Johannes Chrysostomus,
fieberkrank, dort eine vorübergehende Aufnahme gefunden
hat. Bekanntlich entwarf der Oberhirte von Caesarea ein
eigenes Werk von großen und kleinen Regeln für seine

---

vgl. dazu R. BRÄNDLE, Johannes Chrysostomus. Bischof, Reformer,
Märtyrer, Stuttgart 1999, S. 48–51 u. 74–77 sowie C. TIERSCH, Johannes Chrysostomus in Konstantinopel (398–404). Weitsicht und Wirken
eines Bischofs in der Hauptstadt des oströmischen Reiches. Studien und
Texte zu Antike und Christentum, Bd. 6, Tübingen 2002, S. 152–170.
In einer breiten, grundlegenden Studie, welche sich zunächst mit der
Sekundärliteratur auseinandersetzt, wird neuerdings am Beispiel des Johannes Chysostomus (und des Severus von Antiochien) gezeigt, daß die
karitative Fürsorge nicht isoliert betrachtet werden dürfe, sondern einge-
bettet in die übrigen pastoralen, liturgischen und kirchenpolitischen
Aufgaben, mit denen sie untrennbar verbunden seien. Daher auch die
große Menge des Hilfspersonals. Außerdem seien die Unterschiede zu
kleineren Gemeinden zu beachten, von P. ALLEN / W. MAYER, Through
a Bishop's Eyes: Towards a Definition of Pastoral Care in Late Antiquity,
Augustinianum 40 (2000), S. 345–397.

Mönche, in welchem die Fürsorge für die Fremden und
Armen eine zentrale Stellung einnimmt. Dieses wohl von
den vorangehenden Aktivitäten des Mönchsbischofs und
Basiliusfreundes Eustathius von Sebaste beeinflußte Projekt,
das im übrigen bei seiner Gründung sich gegen Kritik von
lokaler Seite und persönliche Anfeindungen durchsetzen
mußte, wird noch ein Jahrhundert später als besonderer Zu-
fluchtsort für Bettler von dem Kirchenhistoriker Sozomenos
hoch gerühmt, dem wir im übrigen auch den Namen
Basileias für diese „neue Stadt" verdanken.[51] Man hat diese
unlängst sogar mit den großen sozialen Einrichtungen des
neunzehnten Jahrhunderts verglichen, so zum Beispiel mit
der Maison de la Providence Divine im norditalienischen

---

[51] Bas. epist. 94, 36–38 an den Statthalter von Kappadokien;
weiterhin beschrieben von Gregor v. Nazianz or. 43, 63 (Totenrede
auf Basilius) und Theodor. hist. eccl. IV 19: Hier der Hinweis auf
die Unterstützung durch Valens. Der Name erscheint bei Sozom.
hist. eccl. VI 34: Πραπίδιος ... προέστη δὲ καὶ Βασιλειάδος, ὁ πτωχῶν
ἐστὶν ἐπισημότατον καταγώγιον ὑπὸ Βασιλείου τοῦ Καίσαρος ἐπισκόπου
οἰκοδομηθέν (Prapidius ... Er war auch Vorsteher der Basilias, eines
berühmten Armenhauses, das Basilius der Bischof von Caeserea, hatte
bauen lassen ... Übers. Sozomenos, Historia Ecclesiastica. Kirchengeschichte. Dritter Teilband. Übers. und eingel. von G. C. Hansen,
Turnhout 2004, 809). Weitere Ausführungen bei Ph. Rousseau,
Basil of Caesarea, Berkeley 1994, S. 139–142 u. jetzt E. Herrmann-
Otto, Die «armen» Alten. Das neue Modell des Christentums? In:
Am schlimmen Rand des Lebens? Altersbilder in der Antike, hrsg. v. A.
Gutsfeld / W. Schmitz, Köln 2003, S. 206 f. Zusammengefaßt und
eingeordnet in einen größeren Zusammenhang von D. Hunt, The
Church as a Public Institution, CAH, vol. XIII (wie Anm. 39), S. 257 f.
und T. Schulte-Herbrüggen, Die Bedeutung der „Medizin" bei den
großen Kappadokiern Basileios von Caesarea, Gregor von Nyssa und
Gregor von Nazianz, Diss. Düsseldorf 1986, S. 69–72. Über die Regeln
zur Handarbeitspflicht, z. B. reg. brev. 61; 121; 135; reg. fus. 37, 1; 41,
1 u. a.; vgl. Holzapfel, Die sittliche Wertung der körperlichen Arbeit
im christlichen Altertum (wie Anm. 10), S. 153–160.

Turin, was doch wohl zu hoch gegriffen ist.[52] Daß die
Kirche auch diese großen Einrichtungen des vierten und
fünften Jahrhunderts vor Justinian gewöhnlich aus privaten
oder eigenen Mitteln und weniger mit kaiserlicher Unterstützung bestritt, darauf wurde wiederholt mit Nachdruck
hingewiesen.[53]

Ähnliche Stätten, wenn auch nicht derart ausgedehnt,
sind aus dem Westen zu nennen, wo zum Beispiel in Rom
Papst Symmachus gegen Ende des fünften Jahrhunderts
Armenhäuser bei St. Peter, St. Paul und St. Laurentius
errichten ließ, oder im unteritalischen Nola, wo wir noch
früher von einem Fremden- und Altenheim des bekannten
Bischofs Paulinus neben der großen, über dem Grab des
hl. Felix erbauten Wallfahrtskirche wissen. Ähnliches wird
für Sardinien, Sizilien und Hippo in Nordafrika berichtet,
wo der Priester Leporius auf Weisung Augustins mit einem
vielbesuchten Xenodochium auf sich aufmerksam machte.[54]

---

[52] So B. GAIN, L'église de Cappadoce d'après la correspondence de
Basile de Césarée, Orientalia Christiana analecta 225, Rom 1985, 277;
dagegen zu Recht BROWN, Poverty and Leadership in the Later Roman
Empire (wie Anm. 38), S. 125 (der allerdings zu Unrecht von einem
Mythos bei Gregor von Nazianz spricht).

[53] Speziell für Joh. Chrysostomus, der „eine Inanspruchnahme
der Staatsgewalt niemals auch nur in Erwägung gezogen habe", A. M.
RITTER, Zwischen „Gottesherrschaft" und „einfachem Leben". Dio
Chrysostomus, Johannes Chrysostomus und das Problem einer Humanisierung der Gesellschaft, JbAC 31 (1988), S. 137 (ähnlich 142:
„Vielmehr dachte er an eine soziale Reform aus ganz eigenen Kräften
der Kirche").

[54] Zu Papst Symmachus in Rom (gest. 514) vgl. Lib. Pont. I nr. 53,
p. 263 DUCHESNE p. 46; über Nola vgl. Paul. Nol. carm. 20; 24; 27
u. ö.; Leporius, erwähnt von Augustin serm. 356, 10. Belege gesammelt
bei HILTBRUNNER, ξενοδοχεῖον (wie Anm. 39), Sp. 1499–1501 und
DEMS. Gastfreundschaft in der Antike und im frühen Christentum (wie
Anm. 39), bes. S. 202–207. Leider wird in dem großen repräsentativen

Mit Abstand führend im Westen wurde jedoch das seit dem fünften Jahrhundert weitgehend christianisierte Gallien, wo die Anlagen des Klostergründers von Tours, des hl. Martin, die vielbesuchte Wallfahrtsstätte des hl. Mauritius in Agaunum, dem heutigen St. Maurice im Rhonetal, oder die allen Bevölkerungsgruppen zugängliche, vorbildlich geführte Anlage des Bischofs Caesarius von Arles stellvertretend für viele andere herausgegriffen seien. Letzterer verdankte seine Anregungen vor allem dem südgallischen Zentrum des Mönchtums von Lérins.[55]

Jedoch darf wie im Fall der privaten Fürsorge die Kehrseite dieser neuen Entwicklung nicht übersehen werden. In manchen Sätzen, wo das segensreiche Wirken der geistlichen Leiter ihrer Gemeinden beschrieben wird, waren bereits die Gefahren angeklungen, welche mit einer derart herausragenden Stellung verbunden waren. Zunächst wird die allzu starke Belastung durch die immer stärker werdenden organisatorischen Pflichten beklagt, was Johannes Chrysostomus zu dem verzweifelten Ausruf veranlaßt, daß Bischöfe und Kleriker noch stärker beansprucht seien als Aufseher, Verwalter und Kaufleute, weil sie in Geschäften tätig seien, die man nur von Steuereintreibern, Zollbeamten und Zahlmeistern kenne. Aber er tröstet sich damit, daß Scharen von Armen in den Registern stünden und zahllose Kranke eben hohe Auslagen verursachten, die nur aufgrund

---

Werk von F. LEHMANN, Paulinus Nolanus und die Basilica Nova in Cimitile / Nola, Wiesbaden 2004, über den Wallfahrts- und Hospizbetrieb kaum etwas gesagt.

[55] Dazu jetzt ausführlich STERNBERG, Orientalium more secutus (wie Anm. 33), der jeweils auch die Ausgrabungssituation berücksichtigt, S. 194: Agaunum (St. Maurice); S. 196–201: Arles (hier stand das älteste Hospiz Galliens schon zur Zeit des Bischofs Caesarius, seit ca. 410); S. 209–211: Tours (um die Wallfahrtskirche des hl. Martin).

des Reichtums der Kirche bestritten werden könnten. Die eigentliche Rechtfertigung aber liefert ihm der Mangel an Freigebigkeit von weltlicher Seite, ob privat oder öffentlich; daher sei die Kirche genötigt, für Witwen und Kranke zu sorgen, die man doch nicht einfach wegschicken könne.[56]

Eine erheblich größere Gefährdung, die mit der rasch anwachsenden Wohlfahrtspflege verbunden war, läßt sich in einem übersteigerten Amtsbewußtsein erkennen, sollte doch der Bischof sogar nach einem Wort von Johannes Chrysostomus als Gesandter Gottes an die Menschen und Repräsentant himmlischer Wirklichkeit begriffen werden, während im Westen darüber hinaus eine Kirchenordnung sogar verlangt, den Bischof wie einen Gott zu ehren und für seinen Unterhalt ebenso beizutragen wie für die weltlichen Autoritäten. Schließlich sei das bischöfliche Priesteramt wertvoller als jede königliche Gewalt.[57] Jene theologische Legitimierung für eine übersteigerte bischöfliche Stellung, begründet durch eine ausufernde Armenfürsorge, konnte sich nach einem Wort von Peter BROWN geradezu zu einem dramatischen Element in der christlichen Inszenierung der bischöflichen Macht entwickeln, die erneut nichts anderes gewesen sei als die Fortsetzung der früheren Funktion eines Schutzherrn und Aufsehers über eine große Masse von Menschen.[58] Wem käme hier nicht der starke Kontrast in

---

[56] Joh. Chrys. hom. in Matth. 85, 3 f.; eingehend hierzu Chr. BAUR, Johannes Chrysostomus und seine Zeit. 1. Band: Antiochien, München 1929, S. 126–128.

[57] Joh. Chrys. hom. 3 in Kol. 5; Const. Apost. 2, 30, 1, dazu Chr. MARKSCHIES, Die politische Dimension des Bischofsamtes im vierten Jahrhundert, in: Recht – Macht – Gerechtigkeit. Veröffentlichungen der Wissenschaftlichen Gesellschaft für Theologie, Bd. 14, hrsg. von J. MEHLHAUSEN, Gütersloh 1998, S. 467.

[58] BROWN, Macht und Rhetorik in der Spätantike (wie Anm. 23), S. 126. Als Beispiel führt er Ankyra an, wo vor dem Kirchenportal sich

den Sinn, wie ihn der Historiker Ammian in so anschaulicher Weise in seinem zweiten Romexkurs geschildert hat? Wirkungsvoll stellt dieser dort den aufwendigen Lebensstil der stadtrömischen *episcopi* (Bischöfe) wie etwa des Damasus, die sich an den Opfergaben ehrwürdiger Frauen bereicherten, der bescheidenen Lebensführung mancher Provinzbischöfe entgegen, die selbst den Heiden als Vorbild dienen könnten.[59] Der Einfluß auf große Scharen Bedürftiger konnte schließlich so weit gehen, daß diese als Einsatztruppe gegen mißliebige Nebenbuhler und Widersacher mißbraucht wurden, wie dies zum Beispiel der allzu vertrauensselige Gregor von Nazianz in Konstantinopel erfahren mußte, wo er sich als Bischof nur kurze Zeit halten konnte, oder wie das Beispiel der schlagkräftigen Krankenwärter mit Namen *parabalani* zeigt, deren sich der alexandrinische Bischof Kyrill im Rahmen der Auseinandersetzung um die heidnische Philosophin Hypatia bediente.[60]

---

eine Menge von Leuten versammelte, sowohl Verheiratete wie Ledige, die hier in langen Reihen auf ihre Essensrationen warteten (nach Pallad. hist. Laus. 68).

[59] Amm. XXVII 3, 14 f. Allerdings zeigt sich der Verfasser hier bis zu einem gewissen Grad dem satirischen Genos verpflichtet, so daß der Vorwurf in derart drastischer Form wohl nicht als bare Münze zu nehmen ist; so bes. J. F. MATTHEWS, The Roman Empire of Ammianus, London 1989, S. 444 f.

[60] Zu ersterem vgl. B. WYSS, Gregor II (Gregor von Nazianz), RAC 12 (1983), Sp. 795 f. und J. MOSSAY, Gregor von Nazianz (gest. 390), TRE 14 (1985), S. 166 f. Zu den schlägefreudigen *parabalani* um den Bischof Kyrill (nach CodTheod 16, 2, 42 u. 43) vgl. R. KLEIN, Die Ermordung der Philosophin Hypatia. Zum Kampf um die politische Macht in Alexandria, in: Atti dell' Accademia Romanistica Costantiniana, XI convegno internazionale, Roma 1996, S. 509–524 und jetzt J. HAHN, Gewalt und religiöser Konflikt. Studien zu den Auseinandersetzungen zwischen Christen, Heiden und Juden im Osten des Römischen Reiches (von Konstantin bis Theodosius II.). Klio Beih.

Endlich sei auf eine letzte Versuchung aufmerksam gemacht, welcher bei einer derartigen Machterweiterung manche Würdenträger nicht widerstehen konnten. Schon einige Sätze aus den Apostolischen Konstitutionen des vierten Jahrhunderts lassen erahnen, daß es manchem Bischof weniger um die Ausübung der christlichen Nächstenliebe zu tun war als vielmehr um Selbstdarstellung seiner Person in der Öffentlichkeit. Daher glaubt man die hohen Amtsträger mit allem Nachdruck daran erinnern zu müssen, daß sie für die Verwaltung dieser Güter dereinst vor Gott Rechenschaft abzulegen hätten. Als Beispiel für einen derartigen Mißbrauch bietet sich der alexandrinische Bischof Theophilus an, der bereits als Initiator für die brutale Zerstörung des berühmten Serapistempels wahrscheinlich im Jahr 392 unrühmlich bekannt geworden war. Es wird nämlich berichtet, daß damals eine vermögende Dame einem Priester 1000 Goldstücke übergeben habe, jedoch verbunden mit der Auflage, davon ausschließlich Kleider für die Armen der Stadt zu kaufen. Sie bestand deswegen mit Nachdruck auf einem solchen Versprechen, weil sie befürchtete, daß Theophilus davon Steine für einen prachtvollen Kirchenbau besorgen könnte.[61] Insgesamt sollte man jedoch derartige Fälle

---

N. F. Bd. 8, Berlin 2004, S. 106–120. In Antiochien spielten die *lecticarii,* Sargträger, für die Begräbnisse der Armen, eine ähnliche Rolle; vgl. BROWN, Macht und Rhetorik in der Spätantike (wie Anm. 23), S. 134; für diese galten nicht die Kriterien wie ehrbarer Lebenswandel oder hinreichende Bildung, trotz mancher Privilegien wurden sie seit dem Jahr 359 auch nicht mehr zu den Klerikern gerechnet (CodTheod 16, 2, 15).

[61] Pallad. vit. Chrys. 6, 60–63; allgemein const. Apost. 2, 25, 2 und G.O. KIRNER, Apostolat und Patronage (I). Methodischer Teil und Forschungsdiskussion, ZAC 6 (2002), S. 3–37 sowie SALAMITO, Christianisierung und Neuordnung des gesellschaftlichen Lebens (wie Anm. 8), S. 796 f.

nicht zu sehr verallgemeinern und primär das segensreiche
Wirken verantwortungsbewußter Bischöfe als Freunde und
Väter der Armen, wie sie oft genannt werden, nicht aus
den Augen verlieren. „Ein Bischof, der die Armen liebt," so
lautet ein dem Athanasius zugeschriebener, aber aus späterer
Zeit stammender Satz, „ist reich, und Stadt und Land
sollten ihn ehren".[62] Das damit verbundene hohe Ansehen
in der Öffentlichkeit wurde, falls kein Mißbrauch vorlag,
weder von den einzelnen Gemeinden noch von staatlicher
Seite mit Mißtrauen betrachtet.

Schließlich ist auch das Weiterwirken der verschiedenen Formen jener institutionalisierten Armenfürsorge ein
Indiz für eine im Ganzen segensreiche Praxis. Es wurde
in der Forschung immer wieder darauf hingewiesen, daß
im Westen trotz mannigfacher Rückschläge in den Wirren
der Germaneneinbrüche und der damit einhergehenden
wirtschaftlichen Folgen jene Formen der christlichen *caritas* (Nächstenliebe) bis in das Mittelalter hinein erhalten
blieben beziehungsweise neu begründet wurden, wo man
geradezu von einer Blütezeit der Armenherbergen sprechen

---

[62] Ps.-Athan. can. 14; vgl. W. Reidel / W. E. Crum, The Canons
of Athanasius, Amsterdam 1973, S. 25 f. und Brown, Macht und
Rhetorik in der Spätantike (wie Anm. 23), S. 119. Zu diesen nur in
einer koptischen Version erhaltenen, von einem ägyptischen Kleriker
etwa um 450 verfaßten und von einem Übersetzer dem Athanasius
zugeschriebenen Canones (insgesamt 107 Kapitel), in welchen die
Fürsorge für die Armen bzw. der Tadel von Mißbräuchen eine zentrale
Rolle spielen, vgl. jetzt die beiden Beiträge von A. Martin, L'image de
l'éveque à travers les ‚canons d' Athanase': devoirs et realités und von E.
Wipszycka, L'attività caritativa dei vescovi egiziani, in: E. Rébillard
et C. Sotinel (éds.), L'éveque dans la cité du IVe au Ve siècle. Actes
de la table ronde organisée par l' Istituto patristico Augustinianum et
l'École francaise de Rome (1er et 2 décembre 1995), École francaise de
Rome 1998, S. 59–70 bzw. S. 71–80.

kann. Die Autorität, welche einsatzfreudige Bischöfe im ausgehenden Altertum angesichts des weitgehenden Zerfalls staatlicher Macht für sich gewannen, beruhte in der Tat auf ihrem sozialen Einsatz für eine große Menschenmenge, der so weit ging, daß man von diesen in Zeiten der Gefahr auch politische Hilfe erhoffte. Während im Osten infolge der Konsolidierung des Reiches der Basileus die Kontrolle über die Geistlichen behielt und sogar wieder verstärkte, von Ausnahmen in entfernten Gebieten abgesehen, kam es im Westen zur weitgehenden Übernahme staatlicher Funktionen durch die geistlichen Leiter, wofür Gregor der Große in Rom das beste Beispiel bietet. Er hatte sich mit einem dichten Netzwerk sozialer Einrichtungen für die Bürger seiner Stadt und weithin in Italien die wirtschaftlichen Voraussetzungen hierfür geschaffen.[63]

So hatte sich in einem Zeitraum von zwei- bis dreihundert Jahren eine Entwicklung vollzogen, welche im Osten durch das mit Konstantin begründete Zusammenwirken von Kaiser und Kirche auf rechtlichem und sozialem Gebiet ganz wesentlich dazu beigetragen hat, eine Fortdauer des Reiches zu ermöglichen. Dies gilt sowohl für die schwerpunktmäßig vom Staat wie von der Kirche ausgehenden Initiativen. Im Westen dagegen behielten tatkräftige Bischöfe jene Fürsorge für die ihnen anvertrauten Menschen in ihren Händen,

---

[63] Für den Osten gibt es allerdings ebenfalls Ausnahmen etwa an der stets gefährdeten Ostgrenze – zu nennen wäre hier Theodoret von Kyrrhos –, wo „die oft bezeugte Tatkraft und Weltklugheit der Bischöfe sie zu Garanten einer funktionierenden Rechtspflege gemacht haben", so P. E. Pieler, Gerichtsbarkeit, RAC 10 (1978), Sp. 474. Zusammenfassend über den insgesamt grundlegenden Unterschied vgl. allgemein die Charakteristiken von R. Manselli, Gregor V (Gregor der Große), RAC 12 (1983), Sp. 930–951 und R. A. Markus, Gregor I. (ca. 540–604), TRE 14 (1985), S. 135–145.

und zwar bis in die karolingische Zeit hinein. Erst damals
ließ die Verlagerung der institutionellen Wohltätigkeit auf
die monastisch geprägten iroschottischen *hospitalia* (Herbergen), die sich des wiedererstarkten staatlichen Einflusses
erfreuten, die bischöfliche Initiative aufgrund des Fehlens
der spätantiken Stadtkultur vorübergehend schwinden.[64]
Aber es dauerte nicht lange, bis die geistlichen Leiter der
Städte jenen segensreichen Einfluß wieder gewannen und
nunmehr auch behielten, der ihnen in der Spätantike zu-
gewachsen war.

---

[64] Über die Entwicklung vgl. wiederum STERNBERG, Orientalium
more secutus (wie Anm. 33), S. 298–302.

IV Ennodius von Pavia und die Sklaverei
Eine Fallstudie an der Wende vom
Altertum zum Mittelalter

Noch immer beklagt man häufig, daß die christlichen Quellen für die Erforschung der antiken Sklaverei nur selten und in exemplarischer Weise herangezogen werden. Dies mag eine gewisse Begründung haben für die ersten nachchristlichen Jahrhunderte, als die Anhänger des neuen Glaubens noch kein eigenes soziales Gepräge innerhalb der antiken Gesellschaft zeigten. Es kann jedoch nicht mehr gelten für die Zeit nach Konstantin dem Großen, als die Vorstellungen der Christen in alle Bereiche des politisch-sozialen Lebens einzudringen begannen. Und dies am allerwenigsten in einer Zeit, als die Bischöfe wegen des Zerfalls der politischen Strukturen in immer stärkerem Maße weltliche Funktionen übernahmen und für die Wahrung der bestehenden Ordnung eintreten mußten. Hierzu gehört ihr Einstehen für die überkommenen Besitzverhältnisse, deren bestimmendes Merkmal die Sklaverei noch immer war und die bis weit in das Mittelalter hinein ein konstitutives Element der Gesellschaft geblieben ist. Es liegt auf der Hand, daß hierüber fast ausschließlich christliche Quellen, zumeist Bischöfe und Konzilien, Auskunft geben, da von Gesetzestexten abgesehen andere Zeugnisse kaum vorhanden sind. Für den Westen sind dies einmal Augustinus, dessen vielfache, wenn auch nur verstreute Auskünfte ein anschauliches Bild von Nordafrika vermitteln, während wir Gleiches für Italien in erster Linie dem ausführlichen Schrifttum des Mailänder Oberhirten Ambrosius verdanken. Gewiß ist unverkennbar, welchen Nachdruck sie auf die Beibehaltung der Sklaverei als Institution noch immer legten, aber aus ihren Urteilen und Wertungen ist doch im Ganzen eine Humanisierungstendenz herauszulesen, die auf das christliche Gebot der Freiheit in Christus und der Brüderlichkeit aller Menschen zurückzuführen ist. Eine reiche Ausbeute über die soziale Situation der einfachen Bevölkerung und ihre Behandlung verdanken wir auch zahlreichen gallischen Bischöfen und Konzilien, deren Auskünfte bis in das siebte Jahrhundert hineinreichen.[1]

Eine auffällige Lücke tut sich jedoch für eine bestimmte Zeit in einem anderen geographischen Bereich auf: Trotz des Vorhandenseins eines reichhaltigen Quellenmaterials zeigt sich, daß speziell die sozialen Verhältnisse in Italien im fünften und sechsten Jahrhundert noch keine eingehendere Würdigung erfahren haben. Obwohl es nach Ambrosius ebenfalls Bischöfe gibt, deren Schriften und Predigten einiges Material bieten, ist hier die Sklaverei bisher noch

---

[1] Hierzu jetzt ausführlich H. GRIESER, Sklaverei im spätantiken und frühmittelalterlichen Gallien (5.–7. Jh.). Das Zeugnis der christlichen Quellen, Stuttgart 1997; für die frühere Zeit vgl. R. KLEIN, Die Sklaverei in der Sicht der Bischöfe Ambrosius und Augustinus, Stuttgart 1988. Wie gering die christlichen Quellen zur antiken Sklaverei in der Forschung noch immer veranschlagt werden, zeigt die Bibliographie zur antiken Sklaverei. Im Auftrag der Kommission für Geschichte des Altertums der Akademie der Wissenschaften und der Literatur (Mainz). Herausgegeben von H. BELLEN und H. HEINEN. Neu bearbeitet von D. SCHÄFER und J. DEISSLER auf der Grundlage der von E. HERRMANN in Verbindung mit N. BROCKMEYER erstellten Ausgabe (Bochum 1983), Teil I: Bibliographie, Stuttgart 2003, wo das Stichwort Christentum lediglich die Seiten 390–404 umfaßt (von insgesamt 624 S.).

nicht zum Gegenstand eigener Untersuchungen gemacht worden. Dies gilt sowohl für die Äußerungen über die Lage der Unfreien im Allgemeinen wie speziell für die persönlichen Urteile, welche wir den geistlichen Leitern ihrer Gemeinden zur Lage der Unfreien und dem Problem der Sklaverei verdanken. Hierzu gehört auch der aus Gallien gebürtige, aber sehr früh ins oberitalische Pavia und später nach Mailand gekommene Ennodius. Er entstammte einem adeligen Geschlecht, schlug jedoch aus sozialen Gründen die geistliche Laufbahn ein, bis ihn das Schicksal wegen seiner besonderen Fähigkeiten und Aktivitäten zum Bischof von Pavia bestimmte. Ohne Zweifel überwiegen in seinem umfangreichen Oeuvre die rhetorisch-literarischen Teile, wobei neben seinen Gedichten die *dictiones*, Musterreden für seine Schüler, und die *Paraenesis didascalia*, eine Anleitung zum Erwerb von höherer Bildung, anzuführen wären. Dies ist auch der Grund, warum Ennodius mit Recht als einer der letzten Vertreter klassischer Bildung gilt, für den die Beredsamkeit das höchste Gut ist, das er als gesuchter Redelehrer selbst in jener Spätzeit noch in unbeschwert heidnischem Gewand an die ihm anvertrauten jungen Leute weiterzugeben suchte.[2] Ein Blick auf seine

---

[2] Zu Leben und Werk Ennods allgemein noch immer wichtig die früheren Werke von M. Fertig, Magnus Felix Ennodius und seine Zeit, 1. Abteilung, Passau 1855 und F. Magani, Ennodio, 2 Bände, Pavia 1886 sowie der Überblick von C. Benjamin, Ennodius 4, RE 5, 2 (1905), Sp. 2629–2633 und M. Schanz / C. Hosius / C. Krüger, Geschichte der römischen Literatur von den Anfängen bis zum Gesetzgebungswerk des Kaisers Justinian 4, 2: Die römische Literatur von Constantin bis zum Gesetzgebungswerk Justinians. Die Literatur des 5. und 6. Jh., Handbuch. d. Altertumswissenschaft 8, 4, 2, München 1920 (Nachdruck 1959), S. 132–148. Aus neuerer Zeit sind zu nennen F. Gastaldelli, Ennodio di Pavia. Profilo letterario, Roma 1973, S. A. H. Kennell, Magnus Felix Ennodius. A Gentleman of the Church, Ann

297 Briefe, welche etwa die Hälfte seines Nachlasses aus-
machen, verrät jedoch, daß sich darin – von aller formalen
Topik und allen Nebensächlichkeiten abgesehen – die reale
Umwelt in breitem Maße widerspiegelt. Das offenbart sich
bereits bei den Adressaten, zu denen bekannte Persönlichkeiten wie der Papst Symmachus, der allmächtige Minister
Boethius oder der einflußreiche Beamte Faustus Iunior
Niger zählen, mit welchen er über politische, wirtschaftliche
und soziale Themen korrespondiert. Die Briefe sind, wie
zu Recht gesagt wird, nicht nur als Zeugnis einer noch
immer lebendigen literarischen Kultur, sondern gleichfalls
in ihrem sozialen Kontext zu sehen, da sie dem Leser
reiche Auskünfte zu gesellschaftlichen Problemen der Zeit
vermitteln.[3] Aber auch bei dem übrigen Schrifttum ist zu
erkennen, daß das Interesse Ennods mit Vorliebe auf die
zeitgenössische Politik gerichtet ist, wofür der Panegyricus
auf den großen Gotenkönig Theoderich Zeugnis gibt, den
er in begeisterten Worten als Überwinder Odoakars und
Befreier Italiens feiert. Dazu gehört aber auch die ganz und
gar politische Vita seines Amtsvorgängers Epiphanius von
Pavia, dessen friedensstiftende Funktion er für wichtiger
hält als die asketische Lebensweise. Da ihm während seiner
Mailänder Zeit der dortige Bischof Laurentius sogar die Verwaltung des Kirchenvermögens anvertraute und in Ennods

---

Arbor, Mi. 2000 sowie die beiden Überblicksartikel von J. FONTAINE,
Ennodius, RAC 5 (1962), Sp. 398–421 sowie O. WERMELINGER, Ennodius von Pavia (473/4–521), TRE 9 (1982), S. 654–657.

[3] Ein Überblick über die Briefpartner Ennods findet sich bei J.
SUNDWALL, Abhandlungen zur Geschichte des ausgehenden Römer-
tums, Helsingfors 1919, S. 72–170 sowie bei Chr. SCHÄFER, Der
weströmische Senat als Träger antiker Kontinuität unter den Ostgotenkönigen (490–540 n. Chr.), St. Katharinen 1991, S. 9–117. Über
den materiellen Gehalt der Briefe vgl. bes. KENNELL, Magnus Felix
Ennodius (wie Anm. 2), S. 84–127 („Living in a material world").

Briefwechsel Probleme des Häuserkaufs und vergleichbare Themen eine zentrale Rolle spielen, ähnlich wie bei den gallischen Bischöfen der Zeit, wäre es verwunderlich, wenn nicht auch Fragen, welche die Sklaverei betreffen, zur Sprache kämen.[4]

Zunächst gilt naturgemäß auch hier, daß Ennodius die *Unfreiheit* weder anthropologisch noch theologisch irgendwo in Frage stellt, wie man es im Osten vereinzelt etwa bei Gregor von Nyssa oder in asketischen Bewegungen beobachten konnte. Dies um so mehr, als die Kirche, nachdem sie durch ein Gesetz Konstantins des Großen zur Eigentümerin von Grund und Boden werden konnte, selbst Sklaven besaß, deren Dienste sie sowohl als Produzenten wie auch im täglichen Umgang in Anspruch nahm.[5] Aber nicht nur darin erweist sich Ennodius als typischer Vertreter der Oberschicht, sondern auch in gelegentlichen Äußerungen, die zeigen, daß er sich in der Geringschätzung des Sklavenstandes von seinen Standesgenossen nicht unterscheidet. Ein Beispiel

---

[4] Zur Lobschrift auf Theoderich vgl. jetzt die zweisprachige Ausgabe von Chr. ROHR, Der Theoderich-Panegyricus des Ennodius, Hannover 1995 (mit ausführlicher Einleitung und Kommentierung). Zur Epiphanius-Vita, ins Deutsche übersetzt von M. FERTIG, Magnus Felix Ennodius und seine Zeit. 2. Abteilung, Landshut 1860, vgl. jetzt die zweisprachige Ausgabe von M. CESA, Ennodio. Vita del beatissimo Epifanio vescovo della chiesa Pavia, Biblioteca Athenaeum 6, Como 1988. Wichtig für die zeitgeschichtliche Bedeutung des Autors bes. B. NÄF, Das Zeitbewußtsein des Ennodius und der Untergang Roms, Historia 39 (1990), S. 100–123 sowie L. NAVARRA, Ennodio e la „facies" storico-culturale del suo tempo, Cassino 1974 (bes. Kap. 3, S. 51–58: Ennodio e la Gothia).

[5] CodTheod 16, 2, 4 vom Jahr 321 (Legitimierung der Besitzfähigkeit von Klerikern, Annahme von Vermächtnissen); vgl. kurz dazu A. DEMANDT, Die Spätantike. Römische Geschichte von Diocletian bis Justinian 284–565 n. Chr. Handbuch d. Altertumswissenschaft 3, 6, München 1988, S. 450 f.

dafür ist, daß er im Kampf um die rechtmäßige Stellung des Papstes Symmachus dessen Gegner, welche ihrem Kandidaten mit allen erdenklichen Mitteln zum Erfolg verhelfen wollten, in übler Weise als *mancipia tartari* (Sklaven der Hölle) und *satanae ministri* (Diener des Teufels) beschimpft. Wie Sklaven hätten sie bei ihrem Treiben das Licht der Öffentlichkeit gehaßt und im Dunkeln ihre Intrigen gesponnen. Als diese jedoch mit ihren Anschuldigungen gegen den von ihm so hochgeschätzten Bischof nicht nachließen, wiederholt er seine Vorwürfe und verhöhnt seine Gegner als *servi ventris et corporis* (Sklaven des Bauches und des Leibes). Ihre Argumente sind für ihn völlig wertlos, da sie doch nur *mancipia terrena* (Erdensklaven) seien. Wenn er dagegen den auf diese Weise geschädigten Symmachus mitleidsvoll als *famis mancipium* (Hungersklave) bezeichnet, so kann er das nur tun, weil jedem klar war, daß es das Schicksal vieler Sklaven war, Hungerqualen zu erleiden.[6] Wie ihm im privaten Leben solche Urteile leicht von den Lippen kamen, ebenso erscheint es für ihn selbstverständlich, daß die von Theoderich erneut unterworfenen Völkerschaften wie auch die Anhänger Odoakars mit ganzen Schlachtreihen sich in die Sklaverei begaben, und für alle, die jetzt unter die Herrschaft der Ostgoten geraten sind, verspricht er dem neuen Herrn volle Ergebenheit, die man aus der Untertänigkeit

---

  [6] Die Belege sind in der Schrift „Libellus pro synodo" enthalten, die Ennodius gegen die Partei des Gegenpapstes Laurentius verfaßte; ed. G. Hartel, Magni Felicis Ennodii opera omnia, Wien 1882 (Nachdruck 1968) S. 287–330 und F. Vogel, Magni Felicis Ennodi opera, Berlin 1885 (Nachdruck 1951) S. 48–67. Ibid. 79: *Vere hinc conicimus esse vos servos ventris et corporis, et per hanc sententiae vestrae vilitatem declaratis mancipia vos esse terrena;* vgl. bereits ibid. 9 die Beschimpfung: *Mancipia tartari et liquido satanae ministri* und ibid. 68: Symmachus ein *famis mancipium.*

heraus zu leisten habe. Damit ergibt sich eine unverkenn-
bare Parallele zwischen dem persönlichen und politischen
Bereich, wo es nach seiner Meinung die Pflicht der Untergebenen beziehungsweise der Unterworfenen ist, sich der
Last einer Abhängigkeit ohne Murren, ja sogar mit einer
gewissen Zuversicht zu fügen, wenn damit Auskommen,
Ruhe und Frieden verbunden sind.[7]

Sieht man auf die speziell *christliche* Gesinnung, so erweist sich Ennodius auch hier als getreuer Nachfolger seiner
großen bischöflichen Vorgänger. Wie diese sich entsprechend der paulinischen Vorgabe vom Dienst des Menschen
für seinen Schöpfergott immer wieder als *servi dei* (Diener
Gottes) bezeichneten und ihre Tätigkeit für die ihnen anvertrauten Gläubigen als Gehorsamsleistung gegenüber
Christus, ihrem Herrn, verstanden, fehlen auch bei ihm
diese bekannten unterwürfigen Formeln nicht, die trotz
aller rhetorischen Überladenheit den Ausdruck christlicher
Demut nicht verleugnen können. Zwar pflegt er einen Brief
wiederholt recht formelhaft mit *debita servitus* (geschuldete
Dienstbarkeit) oder *salutationis servitutem tota devotione
persolvens* (den Dienst der Begrüßung mit vollkommener
Demut verrichtend) zu beenden, aber wenn er hinter dem
debitum servitutis reddens (die Schuld der Dienstbarkeit

---

[7] Enn. paneg. Theod. 10, 49: ... *ad servitium ... agmina convenerunt*
(begaben sich ... ganze Schlachtreihen in die Sklaverei ...); ibid. 14,
71: *O regem omni tranquillitate conpositum, qui devotioni nostrae imputat
quod inpendimus servituti!* (O du mit aller Ruhe ausgestatteter König,
der unserer Ergebenheit anrechnet, was wir aus Untertänigkeit zu
leisten haben! Übers. C. ROHR, Der Theoderich-Panegyricus des Ennodius, Hannover 1995, 233). Enn. epist. 2, 10, 4: *Vos famuli humilitate et
obsequio salutans*; epist. 4, 8, 1: *Praesumptio est, si dominorum beneficia
famuli non sequantur. Obsequium aestimandum puto quod pariturus
impendo* u. a. Der Tenor ist immer gleich: Sklaven haben zu gehorchen
und sich nach den Befehlen ihrer Herren zu richten.

erstattend) ein *precor* (ich bitte) anfügt, das auf ein ganz
bestimmtes Anliegen hindeutet beziehungsweise das *munus
servitutis* (Leistung der Dienstbarkeit) als Geschenk versteht
(z. B. ep. 1, 21,2), so zeigt dies doch, daß es die christliche
humilitas (Demut) ist, die den Schreiber zu dieser Wort-
wahl greifen läßt; denn er dürfte sich bewußt gewesen sein,
daß von ihm als geistlichem Gesprächspartner eine solche
Demut erwartet wurde.[8]

Richtet man den Blick auf die persönlichen Aktionen
aus dem Alltag, die Ennodius fern von der großen Politik
zeigen, so ist zunächst festzuhalten, daß auch er als führender Vertreter der Mailänder Kirche schon vor seiner Zeit als
Diakon selbst Sklaven besaß oder solche anderswoher zu
ihm kamen, die er vertrauensvoll als *Boten* benützte. Dabei
macht es keinen Unterschied, ob er damit eigene Interessen verfolgte oder anderen einen Dienst erweisen wollte.
Ersteres ist zwei Schreiben zu entnehmen, in welchem seine
Absicht im Mittelpunkt steht, einen Landbesitz außerhalb
Mailands zu erwerben, der seiner Gesundheit dienen sollte.
Obwohl er sogleich bereit war, hierfür eine nicht geringe
Geldsumme aufzuwenden, reisten in dieser Angelegenheit
verschiedentlich Sklaven als Überbringer von Botschaften
und Geldbeträgen hin und her. Zunächst empfing er eine
Nachricht von seinem einflußreichen Förderer Faustus, von
dem er sich besondere Hilfe erhoffte, da anscheinend auch
ein gotisches Interesse vorlag. Faustus vermittelte ihm denn

---

[8] Epist. 3, 17, 3. Weitere Beispiele z. B. epist. 5, 12, 3; 6, 24, 2;
9, 33, 7 u. ö. Bes. häufig ist die Formel *servitium salutationis* (Dienst
der Begrüßung). Belegangaben bei Vogel (wie Anm. 6), S. 410 u.
Hartel (wie Anm. 6), S. 708. Über die Tradition dieser Formel vgl.
P. Garnsey, Ideas of Slavery from Aristotle to Augustine, Cambridge
1986, 31–34 u. ö. und Klein, Die Sklaverei in der Sicht der Bischöfe
Ambrosius und Augustinus (wie Anm. 1), S. 71 f.

auch einen Einblick und gab ihm wichtige Dokumente für diesen Kauf. Ein Jahr später schickte er selbst einen zuverlässigen Bediensteten zurück an einen Diakon von Ravenna namens Helpidius, um diesen zu informieren, daß er nun die wichtigen Dokumente beisammen habe, welche ihm den Kauf ermöglichten.[9] Aber auch die eigenen Sklaven fungierten als Mittelsmänner und Überbringer von Mitteilungen, so etwa an einen gewissen patricius Agnellus, von Ennodius einmal als *excellentissimus et potentissimus homo* (ein sehr herausragender und fähiger Mann) apostrophiert (epist. 9, 19, 1), um von diesem einen Brief nicht nur zu erbitten, sondern geradezu einzufordern, weil er ein ganz säumiger Schreiber sei (epist. 7, 16, 3). Dem bevorzugten Briefpartner Faustus, an den er sich immer wieder mit ganz verschiedenen Problemen wendet, schickt er einen seiner unfreien Leute einfach nur deswegen, um von ihm Näheres über die Gesundheit seines Vaters und sein eigenes Wohlergehen zu erfahren (epist. 1, 14, 4). An einen nicht näher bekannten Avienus entsendet er ganz verwirrt einen *servus domesticus* (Haussklave), weil er wissen möchte, wie er gegen ihn gesinnt sei (epist. 3, 8, 1). Ebenso dient ihm im Briefwechsel mit seinem Vertrauten Promotus ein treuer *domesticus perlator* dazu, diesem ein Zeichen seines persönlichen Wohlbefindens zu übermitteln (epist. 3, 14, 2).

---

[9] Die Angelegenheit zog sich über zwei Jahre hin und ist Inhalt einer ausführlichen Korrespondenz Ennods; vgl. hierzu J. MOORHEAD, Theoderic in Italy, Oxford 1992, S. 73 f.; 168 f.; 230 f. und KENNELL, Magnus Felix Ennodius (wie Anm. 2), S. 111 f. Über Sklaven als Boten in dieser Zeit vgl. epist. 9, 22, 1 (an Faustus): ... *servos in quocumque loco positos* (Sklaven, die an einen bestimmten Ort gesetzt wurden) – ibid. 2: *servos vestros de Venetiis iam regressos* (eure Sklaven, die gerade aus Venetien zurück sind); epist. 9, 21, 2 an Helpidius (Arzt und Diakon): ... *servum tuum ad hoc direxi* (deinen Sklaven habe ich dort hingeschickt).

Laconius, der gallische Freund und Ratgeber des burgundischen Königs Gundobad, hatte sich an Ennodius wegen einer Unklarheit im kanonischen Recht gewandt. Dieser reagierte sofort, indem er einige vertraute Sklaven nach Rom zu Symmachus dirigierte, die von dem verehrungswürdigen Papst eine Antwort erbitten sollten, damit eine Nachricht von höchster Stelle den Geist des Fragestellers beruhige (epist. 4, 10, 1). Faustus Albus, Konsul des Jahres 483 und Stadtpräfekt 502/3, erhält von ihm schließlich durch einen *proprius perlator* die Nachricht, daß er sich über die wiederhergestellte Eintracht der römischen Kirche ebenso freue wie dieser, womit er die Bitte verbindet, er möge die Vorstellung des Überbringers doch freundlich anhören und diesem das Nötige über sein eigenes Glück und das seines Hauses mitteilen (epist. 6, 34, 2). Schließlich geht es in einem Schreiben an den bereits genannten Agnellus lediglich darum, daß er einen Sklaven aussendet, der ihm ein Pferd zuführen solle, das der vornehme Senator ihm seit längerem versprochen hat.[10]

All dies unterstreicht, daß Ennodius mit seinen dienstbaren Untergebenen in gutem Auskommen lebte. Er behandelt sie wie seinesgleichen, weiht sie in seine persönlichen Anliegen ein und praktiziert damit die christlichen Grundsätze der Gleichheit und Brüderlichkeit in seiner

---

[10] Das Schreiben ist in das Jahr 510 zu datieren; aber schon vorher hatte Ennodius ihm in dieser Angelegenheit geschrieben (z. B. epist. 7, 26, 1); vgl. auch noch epist. 4, 20, 1 an den *vir illustris Iulianus* (der angesehene Mann Iulianus), dem er einen *familiaris perlator* (hauseigener Briefbote) schickt, weil er keine Briefe von ihm erhielt; epist 5, 10, 4 an Papst Symmachus, dessen *perlator praesentium famulus* er erwartet; epist. 8, 4, 2 mit der Klage an den *comes domesticorum* (Kommandant der kaiserlichen Leibwache) Arator: *Iam a te pueri paginis vacui commearunt.*

persönlichen Umgebung, wie man es von ihm als Diakon wohl erwartete. Er tut dies, weil er weiß, daß die Herren vor allem dann auf die Wertschätzung ihrer Sklaven hoffen konnten, wenn diese in einem solchen Sinn als gleichwertig angesehen wurden, wie er es einmal treffend gegenüber dem vornehmen Goten Thrasemund mit Blick auf sich selbst formulierte:

vultis quasi aequales tractare famulos, ut ab ipsa vobis per amorem condicione plus debeant

Ihr wollt euere Diener gleichsam als gleichwertig behandeln, damit sie euch aufgrund ihrer Stellung umso mehr lieben müssen.[11]

Jenes menschenfreundliche Verhalten, wie es bisher im Umgang Ennods mit seiner Umgebung erkennbar wurde, zeigt sich weiterhin in seinem standhaften *Eintreten für Unfreie*, die seiner Hilfe bedurften. Er glaubte sein Ziel um so mehr zu erreichen, weil er sich andererseits bemühte, das Besitzrecht der Herren möglichst nicht anzutasten. Für einen solchen Fall liefert wiederum ein Schreiben an Faustus eine konkrete Bestätigung. Darin berichtet nämlich der Verfasser von einer Gruppe unfreier Handwerker – es handelte sich wohl um Kriegsgefangene –, die Faustus vom Mailänder Bischof geschickt worden waren und für die er von dem einflußreichen Konsul weiterhin jene Unterstützung erhofft, die sie bisher von der Kirche empfangen hatten. Darunter seien auch Frauen, die das Augenlicht verloren hätten und somit besonderer Hilfe bedürften. Er möchte sie empfehlen, weil sie wertvolle Menschen seien und ein Eintreten für sie großen Lohn im Himmel verheiße. Faustus möge sich nicht daran stoßen, daß sie äußerlich unansehnlich seien, aber da sie sonst keine Hilfe von außen erwarten könnten,

---

[11] Epist. 4, 10, 1.

möge er sich ihr Schicksal angelegen sein lassen. Auch wenn über das weitere Los dieser *mancipia* (Sklaven), speziell über die Frauen, nichts bekannt ist, so ist Ennods warme Empfehlung bei einer staatlichen Stelle ein schönes Zeichen seiner menschenfreundlich-christlichen Gesinnung, fügt er doch eigens hinzu, daß diese Armen aus den „Schätzen und dem Schoß der Kirche" stammten.[12]

Ferner wäre hier sein Einstehen für eine ebenfalls blinde Frau zu erwähnen, die ihres Sklaven verlustig gegangen war. Zunächst bedankt sich Ennodius in diesem Brief wiederum bei Faustus ganz allgemein für gewisse Wohltaten, fügt dann aber zwei konkrete Bitten an, von denen die eine eben jene Frau und ihren Sklaven betrifft. Da diese von einem gewissen Martinus, einem *conductor* (Pächter) im benachbarten Modica, durch die widerrechtliche Zurückhaltung des Sklaven, den dieser sich angeeignet hatte, Schaden erleide, bittet er seinen einflußreichen Freund, er möge beim *comes patrimonii* (Verwalter des Staatsvermögens) schriftlich darauf hinwirken, daß die Geschädigte unverzüglich ihren Besitz wieder erhalte. Eine solche Demarche sei dringend nötig, weil sich der Pächter dem Befehl zur Rückgabe des Sklaven *pro rustica temeritate* (entsprechend der bäuerlichen Unbesonnenheit), wie es heißt, bisher hartnäckig widersetzt habe. Selbst wenn nicht gesagt wird, wie die Sache ausging,

---

[12] Epist. 8, 5, 1 an Faustus: *Familia est, quam cum videritis, non possitis ambigere ab ecclesia destinatam et de eius thesauris et gremio … processisse.* Der Fall dieser *familia* ist im einzelnen nicht klar (eine der Frauen ist eine Freie!), da es einleitend heißt, daß die Gruppe keine Empfehlung für ein Geleit brauche, andererseits kam sie zu Faustus, mehr um unterstützt zu werden als Dienste zu leisten (*contenti eritis possidere sub continuatione plangentes*). Vgl. hierzu MAGANI, Ennodio I (Anm. 2), S. 355 f. und S. LÉGLISE, Oeuvres complètes de Saint Ennodius éveque de Pavie. Tome premier: Lettres. Texte latin et traduction francaise, Paris 1906, S. 428.

läßt sich erneut feststellen, daß sich der rührige Diakon mit
Nachdruck für Recht und Gesetz einsetzte, zumal es ihm
hierbei um eine akute Notlage zu tun war, in welche die
Frau ohne ihren Bediensteten geraten war.[13]

Ebenso wie sich Ennodius als Fürsprecher der Armen,
Bedrängten und Unfreien fühlte, aber andererseits am Recht
eines Sklavenbesitzers nicht rütteln ließ, ist dies auch bei
Sklaven zu beobachten, die sich auf der *Flucht* vor ihren
Herren befanden. Zwar wird angesichts der zunehmenden
Sklavenflucht im fünften nachchristlichen Jahrhundert an
der *potestas* (Macht) der Herren und damit auch der Kirche
zum Beispiel im Edictum Theoderici weiterhin mit Nachdruck festgehalten, gelegentlich tritt sogar eine Verschärfung
ein, aber im Einzelfall bot sich für einen Bischof und seine
Mitarbeiter genügend Gelegenheit, sich um *servi fugitivi*
(Sklaven auf der Flucht) zu kümmern und deren Los zu erleichtern.[14] Zwar ist nichts weiter bekannt, warum Ennodius
seinen *perlator* (Überbringer) von guter Abkunft, wie er ihn
nennt, an den Gallier Laconius wegen der Sklaven schickte,

---

[13] Epist. 6, 10,2. Die entscheidenden Sätze lauten: *Suggerere non
omitto, ut … et pro illa caeca muliere, quam Martinus conductor de
Modicia* (heute Monza?) *obprimit, comitis patrimonii litteras tollatis,
quibus iubeatur quod ei abstulit mancipium sine dilatione reformare
quia quod in praesenti in mandatis accepit, facere pro rustica temeritate
contemnit.*

[14] Allgemein über die Zunahme der Sklavenflucht im 4. Jahrhun-
dert H. BELLEN, Studien zur Sklavenflucht im römischen Kaiserreich,
Wiesbaden 1964, S. 122–125; 151–154 (zum Edictum Theoderici
z. B. § 69 f.; 78; 80; 87, wo jedes Mal von flüchtigen Sklaven die Rede
ist). Allgemein dazu H. NEHLSEN, Sklavenrecht zwischen Antike und
Mittelalter. Germanisches und römisches Recht in den germanischen
Rechtsaufzeichnungen. I: Ostgoten, Westgoten, Franken, Langobarden,
Göttingen 1972, S. 123–152.

die diesem entflohen waren,[15] ebenso unklar sind die näheren Umstände, warum er Edasius, einem jungen Mann von vornehmer Herkunft, zunächst wortreich für einen gewissen Auftrag dankt, den dieser am Hof in Ravenna für die Mailänder Kirche erledigt hatte, dann aber anschließend den Wunsch äußert, er möge es erreichen, daß jene restlichen *mancipia* (Sklaven) festgehalten würden, wie er sich ausdrückt. Wenn die Vermutung stimmt, daß jener Edasius wegen eines Vermächtnisses an die Kirche von Mailand in Ravenna vorstellig wurde, um welches es jedoch Probleme gab, so dürfte es sich bei den genannten Sklaven um den Rest des Legats handeln, welches der Kirche wenigstens noch erhalten bleiben sollte.[16] Trifft diese Annahme zu, so würde sich dahinter zunächst ein gewisses eigennütziges Interesse des Mailänder Diakons verbergen, aber andererseits sollte nicht vergessen werden, daß die Einnahmen der Kirchen zu einem Gutteil zur Armenfürsorge verwendet wurden, wie etwa aus einem Schreiben an

---

[15] Epist. 3, 16, 2 (vom Jahr 504): *Et perlatorem, bene natum hominem propter fugaces suos venientem, commendo et desideriorum bona non differo.* Also auch hier ein Eintreten für den geschädigten Herrn. Laconius erscheint in der Vita Epiphanii als Ratgeber des burgundischen Königs Gundobad, der an den Verhandlungen über den Rückkauf kriegsgefangener Italiker in das Ostgotenreich beteiligt war (168f–170); vgl. dazu K. F. STROHEKER, Der senatorische Adel im spätantiken Gallien, Tübingen 1948, S. 187 und PLRE II, p. 653.

[16] Epist. 8, 15. Der Zusatz lautet: 2: *Quod restat, deprecor, ut residua illa mancipia teneri iam facias.* Die Deutung über ein Vermächtnis stammt von LÉGLISE, Oeuvres complètes de Saint Ennodius (wie Anm. 12), S. 441, der den Grund der Schwierigkeiten einer problemlosen Übertragung eines solchen Legats nach dem Gesetz Konstantins d. Gr. CodTheod 16, 2, 4 vom Jahr 321 (wie Anm. 5) in den Restriktionen späterer Gesetze zugunsten des Testators sieht. Er führt hierfür Bestimmungen Valentinians I. und Theodosius' d. Gr. an (CodTheod 16, 2, 20; 27 u. 28).

den gelehrten *homo palatii* (Höfling) Mascator hervorgeht.
An diesen wendet sich Ennodius zugunsten der unglücklichen heimatlosen *ascini*, die zwar rechtlich frei, aber, wie
es dort heißt, wie Gefangene in ihrem Vaterland gehalten
würden (*quos et patria terra captivat* – welche auch die
heimatliche Erde gefangen nimmt). Man denkt hierbei an
Kriegsgefangene, die im Dienste der Gutsbesitzer ein Stück
Land bebauten.[17] In diesen Zusammenhang gehört schließlich ein kurzer Brief wiederum an Faustus, den er zunächst
erneut seiner *vis amoris* (Kraft der Liebe) versichert, ihm
dann aber mitteilt, er habe einen vor drei Jahren geflohenen
Sklaven namens Germanus aufgefunden, von dem er jetzt
vermutet, daß er Faustus gehöre. Er habe über diesen ein
indiculum (kurze Angabe) angefertigt, und wenn sich herausstellen sollte, daß er wirklich seinem Vertrauten gehöre,
werde er sicherlich rechtzeitig erfahren, was er zu tun habe.

---

[17] Epist. 9, 20, 2: *Scitis pro ascinis a quo veniat retributio, si iuventur.
Succurrite his quos et patria terra captivat, quibus et invidia est cum
originariis et condicio dolenda cum profugis.* SIRMOND hatte einst den
Namen *ascini* von ἄσκηνοι / ohne Behausung abgeleitet (s. VOGEL,
Anm. 6, 305). MAGANI, Ennodio I (wie Anm. 2), S. 360 greift dar-
auf zurück, wenn er übersetzt: „Probabilmente erano que' poveretti
stati condotti prigonieri dai varii conquistatori que si succedevano nel
possesso di Pavia e della Liguria i quali ritornando poi in patria non
trovavono piu nè casa nè terra, di cui s' era impossessato il vincitore."
Sie seien in einer noch schlechteren Situation als Sklaven gewesen.
Anders F. VOGEL, der im Sinne von *accensi* (möglicherweise liege eine
Verschreibung vor) an Kriegsgefangene denkt, welche zur Bebauung des
Landes unter die Gutsbesitzer des Landes verteilt worden seien, da man
sie ganz offensichtlich als Mittelding zwischen *originarii* (Eingeborene)
und *profugi* (Flüchtlinge) verstehen müsse (Ennodiana, in: Archiv der
lateinischen Lexikographie und Grammatik 1 (1884) S. 269). Vom
Einsatz von Sklaven und Kolonen in militärischen Einheiten angesichts
der Auflösung der bestehenden Ordnung spricht SCHÄFER, Der weströmische Senat (wie Anm. 3), S. 134; 284.

Das bedeutet gewiß nichts anderes, als daß er ihn unverzüglich zurückschicken wird. Zunächst fällt also auch hier die rückhaltlose Bereitschaft auf, das Besitzrecht des Herrn anzuerkennen und einen erlittenen Schaden wieder gut zu machen, allerdings nur wenn die Angelegenheit eindeutig zu klären ist. Aber gleichzeitig zeigt diese kurze Mitteilung auch, daß er den Flüchtigen aufgenommen und sich um ihn gekümmert hat.[18]

Auf einer ähnlichen Linie liegt es, wenn sich Ennodius an einen sonst nicht bekannten Bischof mit Namen Senator wendet und mit Nachdruck von ihm verlangt, daß von den *mancipia* (Sklaven), die nachgewiesenermaßen aus seinem Hause von dessen Leuten aufgewiegelt worden seien, auch noch der eine zurückgegeben werde, der zurückgeblieben sei. Der Bischof, der zwar wiederholt seine Bereitschaft zu einer gütlichen Vereinbarung bekundet hatte, glaubte jedoch, jenen mit einem gewissen Recht behalten zu können (worauf das *etiamsi vobis puer ipse iure competeret* [auch wenn Euch der Sklave selbst rechtlich zustände] hindeutet). Ennodius bleibt jedoch hartnäckig und schickt nunmehr einen vertrauenswürdigen Vermittler ab, der von dem Bischof das zurückfordern sollte, was durch die *auctoritas legum* (Kraft der Gesetze) zugesichert werde. So hofft er immer noch sein Ziel zu erreichen, da die *negotii sinceritas* (Redlichkeit der Aufgabe) und der *genius supplicantis* (Genius des Bittenden) für ihn sprächen und er bei seiner Handlungsweise die

---

[18] Epist. 3, 19: *Proinde, domine, … fugacem puerum vestrum Germanum vocabulo, qui ante triennium lapsus est, me suspicor invenisse: de quo indiculum destinavi. Qui si vere vester est, mature sequenda cognoscam.* Der letzte Satz bedeutet aber auch, daß er den Sklaven behalten wird, wenn sich herausstellen sollte, daß er Faustus nicht gehört.

Meinung aller Gutgesinnten auf seiner Seite habe, was auch immer der Rückgabe noch entgegenstehe.[19]

Es gibt sogar einen weiteren Fall, wo Ennodius wegen seiner Hilfsbereitschaft für zwei *servi fugitivi* (entflohene Sklaven) in eine prekäre Situation geriet, weil der frühere Herr gegen ihn mit starker Hand, wie er sagt, ein weltliches Gericht, eine *regia defensio*, angerufen hatte, so daß sich wiederum Faustus damit befassen mußte. Die beiden *pueri* (Sklaven) hatten nämlich in der Kirche Zuflucht gesucht mit der Begründung, es sei ihnen von ihrem Herrn Gewalt angetan worden, – und Ennodius versagte ihnen seine Mithilfe nicht. Nur so ist der von ihrem Herrn erhobene Vorwurf zu erklären, daß ihm von Ennodius die Sklaven weggenommen wurden. Da Faustus sich anfangs abwartend verhielt, verteidigt sich der Angeschuldigte zunächst mit der bitteren Klage über die Mißgunst der Menschen vor allem gegen die Kleriker, wogegen man sich nicht wehren könne. Hierauf wird er konkret und legt Wert auf die Feststellung, sein Bischof sei Zeuge dafür, daß er selbst keinesfalls zu einer dauernden Wegnahme geraten habe; denn derlei Intrigen seien ihm durchaus fremd. Die beiden *pueri* (Sklaven) hätten sich vielmehr unter gesetzlichem Schutz (*sub interpellatione publica*) in kirchliche Obhut geflüchtet. Er könne sich sogar erinnern, wie er seinen Bischof inständig gebeten habe, auf

---

[19] Epist. 3, 1, 2 (vom Jahr 504, als Ennodius bereits zwei Jahre angesehener Diakon der Mailänder Kirche war): *Dudum per me suppliciter postulavi, ut de mancipiis, quae de casa mea a vestris sollicitata constabat, unum mihi quod remanserat redderetur ... .* Über den *sublimis et magnificus vir dominus* Victor, der für ihn dazu beitragen sollte, das zu erreichen, was das Ansehen der weltlichen Gesetze leisten konnte, vgl. PLRE II, p. 1159. Wenn Ennodius von diesem rühmt, daß er sogar Felsen bewegen könne, so ist darin auch eine unmißverständliche Drohung zu erkennen; vgl. auch MAGANI, Ennodio I (wie Anm. 2), S. 363f.

den Willen ihres Herrn einzugehen, der doch mit schmei-
chelnden Worten versprach, sie anzuhören. Außerdem habe
er in Gegenwart des Bischofs, der ihnen Schutz gewährte,
und mit Kennntis der Öffentlichkeit (*sub notitia civitatis*),
so betont er nochmals, den dringenden Rat erteilt, sie sollten in ihre frühere Abhängigkeit zurückkehren, für die sie
bestimmt seien. Was nachher geschehen sei, wisse er nicht,
außer daß man ihn fälschlicherweise zum Hauptschuldigen
gestempelt und die Behörden eingeschaltet habe, was ihm
großen Schmerz bereite. Die ganze Angelegenheit findet nur
so eine plausible Erklärung, daß Ennodius bei seinem Bischof tatsächlich den Ausschlag für eine Aufnahme gegeben
hat; denn wie anders hätte ausgerechnet er zur Zielscheibe
der Anklage werden können. Seine Erregung darüber, daß
man damit gegen die Macht eines kirchlichen Streiters
(*potentia ecclesiastici militis*) vorgegangen sei, erhärtet diese
Deutung. In gleicher Weise ist er jedoch gegenüber Faustus
erneut bemüht, das Besitzrecht des Herrn zu respektieren
in der Hoffnung, daß dieser nunmehr humaner mit den
Rückkehrern umgehen werde, obwohl er gegenüber dessen
trügerischen und schmeichlerischen Versprechungen sehr
skeptisch ist.[20]

---

[20] Epist. 1, 7, 3f. (vom Jahr 502): *Ille mancipia sua a me sublata deflevit et contra potentiam ecclesiastici militis advocandam credidit
regiam defensionem … Novit dominus, qui manu valida in adiutorio
vestro mei propugnator adsurgat, totius me esse technae huius ignarum.
(4) Ante aliquid temporis pueri duo, qui sibi a praefato adserebant inferri
violentiam, ad opem se ecclesiae sub interpellatione publica contulerunt.
Preces adhibuisse me memini, ut circa eos quod defunctus voluit servaretur.
Auditurum se deceptiosis et blandis promisit inlecebris. Ut ad obsequium
reverterentur, ad quod deputati fuerant, sancto episcopo patre vestro prae-
sente, qui eis praebebat auxilium, sub notitia civitatis hortatus sum.* Aus
der Bezeichnung *ecclesiasticus miles* (kirchlicher Streiter) spricht ein
nicht geringes Selbstbewußtsein Ennods, der weiß, daß dieser ihn

Daß eine solche Annahme zutrifft, beweist der Inhalt eines Dokumentes, das in der Hinterlassenschaft Ennods eine selbständige Stellung einnimmt, also nicht in das Briefcorpus integriert ist, obwohl es sich um einen Brief handelt und die Überschrift trägt: *Petitorium quo absolutus est Gerontius puer supra scripti* (Bittschrift, aufgrund der Gerontius, der Sklave des oben Genannten [sc. Agapitus], freigelassen worden ist).[21] Man hat es demnach mit der *Bittschrift* für einen Sklaven namens Gerontius zu tun, wohl aus dem Jahre 505, der freigelassen werden soll. Er gehörte einem gewissen Flavius Agapitus, der damals in Ravenna ein hohes Amt bekleidete und in späteren Jahren noch als Stadtpräfekt und Gesandter Theoderichs an den Hof nach Konstantinopel faßbar ist.[22] Für diesen, an den Ennodius vorher bereits einen Brief gerichtet hatte (wodurch der Adressat bekannt ist), verfaßte der gewandte Kleriker aus Mailand eine förmliche Freilassungs-erklärung, die wahrscheinlich in einer römischen Kirche vor dem Papst Symmachus von einem Diakon verlesen werden

---

stützt und ihn vor dem Vorwurf möglicher Intrigen schützt. Vgl. dazu MAGANI, Ennodio I (wie Anm. 2), S. 360 f.: „E gli schiavi ben sapevano d' avere in Ennodio il loro naturale protettore" und ähnlich KENNELL, Magnus Felix Ennodius (wie Anm. 2), S. 110 f.

[21] Eine kurze Interpretation dieses Dokuments, abgedruckt bei VOGEL (wie Anm. 6), S. 131 und HARTEL (wie Anm. 6), S. 414 f., findet sich bei MAGANI, Ennodio I (wie Anm. 2), S. 359 f. und KENNELL, Magnus Felix Ennodius (wie Anm. 2), S. 111 f.

[22] Über die Laufbahn dieses Beamten, für den Ennodius hier tätig wurde, vgl. SCHÄFER, Der weströmische Senat als Träger antiker Kontinuität unter den Ostgotenkönigen (wie Anm. 3), S. 10–13 und PLRE II, p. 30–32. Es ist anzunehmen, daß Ennodius den Freilasser selbst zu seiner Tat ermuntert hat; denn der vorausgehende Brief (epist. 4,6) schließt mit der Bitte an Agapitus, er möge die Anregung, die der Überbringer des Schreibens bei ihm abgegeben habe, zu einem guten Abschluß bringen (3: ... *deprecor, ut suggestionem, quam apud vos deposuerit praesentium portitor, ad votivum perducatis effectum*).

sollte.[23] Hervorzuheben ist an diesem offiziellen Schreiben, das aus der Feder des Ennodius stammt und somit auch dessen Gedanken zur Sklaverei wiedergibt, im Ganzen Folgendes: Nach einer längeren Einleitung über die Belohnung der Gläubigen im jenseitigen Leben für die Wohltaten, die sie anderen Menschen erweisen, heißt es, ein Herr solle seinem Sklaven ebenso ein *auctor salutis* (Förderer des Wohls) sein, wie er es von Gott für sich selbst erwarte. Der Verfasser preist hierauf die *fides* (Treue) und *integritas* (Uneigennützigkeit) des Gerontius, woraus er die Konsequenz ableitet, die Freiheit habe dieser vor allem durch jene herausragenden Gaben verdient.

Er beläßt es jedoch nicht bei der Forderung der *libertas* im Status eines künftigen Freigelassenen mit weiteren Bindungen an seinen früheren Herrn. Sein eigentliches Ziel ist vielmehr die volle Gewährung der *civitas Romana*, des römischen Bürgerrechts.[24] Die lange Kenntnis des Gerontius und eine genaue Prüfung hätten ergeben, daß

---

[23]   Dies erschließt KENNELL, Magnus Felix Ennodius (wie Anm. 2), S. 112 aus der Anrede 5: *supplicem coronae vestrae* (bei Eurer Krone um Schutz flehend) mit Bezug auf den Eingangsatz von epist. 5, 10 (an Papst Symmachus): *Dum sedem apostolicam coronae vestrae cura moderatur ...* und epist. 8, 32, 1 (ebenfalls an Symmachus): *Creatores patriam opes alibi non requirunt quos coronae vestrae cura susceperit.* Da es im vorangehenden Brief 4, 6, 1 heißt, Agapitus werde wegen dringender Geschäfte in Ravenna festgehalten, dürfte das Freilassungsschreiben in Rom wohl von einem Diakon vorgelesen worden sein.

[24]   Ibid. 3: *Gerontium itaque, cuius a me conperta fides pudor integritas et exigit libertatem et suis dotibus innotescit, per praesens petitorium a beatitudine vestra Romanae deprecor civitatis gaudere consortio, cuius ego absolutionis non tam largitor quam testis existo; abiecta enim esset natura designati, nisi moribus vulgaretur.* Speziell dazu u.a. C. MASI Doria, Zum Bürgerrecht der Freigelassenen, in: M.J. SCHERMAIER / Z. VÉGH (Hrsgg.), Ars boni et aequi. Festschrift für Wolfgang Waldstein zum 65. Geburtstag, Stuttgart 1993, S. 231–260.

er keine sklavische Natur besitze. Da er also keine *persona servilis* (sklavische Natur) sei, sei es offenkundig, daß die *ingenuitas* (Stand des freigeborenen Menschen) ihm nicht so sehr zugeteilt als vielmehr wiederhergestellt werde (*qui ante ingenuus credi meruit quam vocari*, der es verdiente, für freigeboren gehalten zu werden, bevor er so bezeichnet wurde). Der frühere Herr wisse nämlich, daß der Unfreie, der das *vile nomen* (verächtlicher Name) nun abgelegt habe, es schon früher wert gewesen sei, als Freigeborener bezeichnet zu werden und nicht erst jetzt, wo man ihn wirklich so nennen dürfe.[25] Damit gibt Ennodius, auf den diese ungewöhnliche, über den aktuellen Anlaß hinausgehende Begründung wohl allein zurückgeht, den Blick frei, wie er sich zu Beginn der Schöpfung die Entstehung der Unfreiheit vorstellt. Die Freilassung eines Menschen, der dieser Gunst aufgrund seines Charakters würdig ist, bedeutet für ihn nichts anderes als die Wiederherstellung eines Urzustandes vor dem Sündenfall. Mit dieser gewiß kurzen, aber klar formulierten heilsgeschichtlichen Erklärung reiht sich der Autor ein in die Gruppe früherer Kirchenväter sowohl im Osten wie im Westen, wofür beispielhaft die großen Kappadokier, aber auch Ambrosius und Augustinus anzuführen wären. Angesichts jenes unerwarteten Hintergrundes, den der Verfasser hier freigibt, wird es verständlich, wenn er bei Papst Symmachus dafür eintritt, daß Gerontius, wenn er römischer Bürger geworden sei, auch sein *peculium*

---

[25] Ibid. 4: ... *quia nullum est maius commodum quam illud quod serenum examen adsequitur, elegi palmam iudicii quam de adquisito habere conpendium. Ostendit mihi iusta praedicti servitus personam non esse servilem. Ergo nominato non tam cupio ingenuitatem tribui quam refundi. Scio quod recte vile nomen expulerit, qui ante ingenuus credi meruit quam vocari.* Jeweils kurz dazu GRIESER, Sklaverei im spätantiken und frühmittelalterlichen Gallien (wie Anm. 1), S. 137; 141; 143; 149.

(Vermögen) ungeschmälert behalten solle (*omni peculio suo sine aliqua imminutione concesso*). Es sei nämlich nicht recht, wenn ihm von seinem früheren Besitztum etwas genommen werde, zumal der Freilasser sogar verspreche, daß noch größere Gaben nachfolgen sollten (*quem polliceor donis etiam potioribus subsequendum*). Diese recht allgemein gehaltene Ausdrucksweise ist doch wohl so zu verstehen, daß der frühere Herr für seinen ehemaligen Sklaven, der nun in der römischen Kirche eine Funktion übernehmen sollte, außer dem Peculium noch weitere *beneficia* (Wohltaten) folgen lassen wird.[26] Wesentlich für Ennodius bleibt indes die eigenständige Begründung für die außergewöhnliche Gunst, die der mit der Freiheit Beschenkte erfährt. Es sind die theologische Grundlegung für das Aufkommen der Sklaverei und ihre Aufhebung durch den Eintritt Christi in die Welt, die ihn den führenden Denkern der Kirche an die Seite stellt, welche den biblischen Gedanken der Gleichheit und Brüderlichkeit nicht nur in ihren Schriften erörterten, sondern in Einzelfällen auch in die Praxis übertrugen.

Das Kapitel Freilassung kann nicht abgeschlossen werden, ohne daß eines der aussagekräftigsten Werke Ennods für die sozialen Probleme näher betrachtet wird. Gemeint ist die Lebensbeschreibung des Bischofs Epiphanius von Pavia, Ennods Vorgänger auf dem Bischofsstuhl dieser oberitalischen Stadt. Man hat sie wegen ihres zeitgeschichtlichen Aussagewerts als die profanste Heiligenvita der Spätantike

---

[26] Der zukünftige Dienst des Gerontius für die Kirche ist dem Satz zu entnehmen 5: ... *ut gestis ecclesiasticis ex omni obnoxietate solvatur, ut perpetuo Romanae urbis possit exultare collegio.* Da Ennodius nur ein Kleriker und kein Bischof war – einem solchen warf man nicht selten die Entfremdung von Kirchengut vor –, konnte er so frei über diese zukünftigen *dona* (Geschenke) sprechen; vgl. KENNELL, Magnus Felix Ennodius (wie Anm. 2), S. 113.

eingestuft; denn bekanntlich treten hier die üblichen Wundergeschichten gegenüber dem politischen und sozialen Wirken dieses Bischofs stark zurück. Wenn Ennodius dabei das Eintreten seines Vorbilds für die Bevölkerung Liguriens gegen Verschleppung und Versklavung, gegen Konfiskationen und Ausbeutung so eindrucksvoll vor Augen führt, so ist dies wiederum nur verständlich, weil ihm selbst dieser Aspekt besonders am Herzen lag. Konkret offenbart sich dieses Interesse dort, wo er die im Auftrag Theoderichs im Jahre 494 unternommene Reise des Epiphanius ins südliche Gallien beschreibt, die zum Freikauf von 6000 zivilen und 400 militärischen Gefangenen führte. Ennodius, der als Diakon den Bischof begleitete, scheut sich nicht, diese Aktion zugunsten der in burgundische Sklaverei gefallenen Ligurer auf Kosten des Staates und der Kirche mit dem Verhalten Alexanders des Großen zu kontrastieren, der im Gegensatz dazu die Bevölkerung nicht in die Freiheit, sondern in die Knechtschaft führte.[27] Auch wenn man sich vergegenwärtigt, daß der Loskauf von Gefangenen seit den Tagen Cyprians in der Alten Kirche zum sozialen Engagement der Bischöfe gehörte, wofür sogar der Verkauf von Kirchenschätzen gerechtfertigt war, so ist das spezielle

---

[27] Vit. Epiph. 176: *Non sic Pelleus princeps Alexander, quem pacatorem orbis vocavit vana laudatio, captum gentium duxit examen, ut iste revocavit.* Epiphanius habe dagegen die Gefangenen in die Freiheit geführt. Die gesamte Schilderung umfaßt die Abschnitte 147–177. Ibid. 171 f. die Zahlenangaben (*ut ... plus quam sex milia animarum terris patriis redderentur*). Zum übrigen sozialen Wirken des Bischofs (Steuererlasse, Amnestie, Gefangenenfreikauf, Friedensstiftung usw. vgl. L. NAVARRA, Contributo storico di Ennodio, in: Augustinianum 14 [1974], S. 318–342 und E. HERRMANN-OTTO, Der spätantike Bischof zwischen Politik und Kirche: Das exemplarische Wirken des Epiphanius von Pavia, RQA 9 [1995], S. 198–211 [ibid. 201 das Zitat über die „profanste Heiligenvita"]).

Lob des Verfassers für diese Aktion des Epiphanius doch
ein untrügliches Indiz dafür, daß er die Hilfe für die sozial
Schwachen, für Sklaven, Frauen und Kinder für eine zentrale Aufgabe der christlichen Nächstenliebe gehalten hat,
die den führenden Vertretern der Kirche gerade in politisch
wirren Zeiten zufiel.[28]

Ein letzter Abschnitt, der die Haltung des Ennodius
zur Sklaverei beleuchtet, diesmal vielleicht noch deutlicher
als bisher, steht in engem Zusammenhang mit dem *Lau-*
rentianischen Schisma, als sich seit dem Jahre 499 in Rom
zwei Päpste gegenüberstanden, einmal der Archipresbyter
Laurentius, der Exponent der byzanzfreundlichen Partei
in Rom, und auf der anderen Seite der sardische Diakon
Symmachus, der früher und von der Mehrheit der Bischöfe gewählt worden war. Dieser fand aufgrund der engen
Bindung zu dem Mailänder Bischof Laurentius in Ennodius
einen ebenso energischen wie einflußreichen Fürsprecher.
Wie man in verschiedenen Zeugnissen lesen kann, wurde
Symmachus jedoch von seinen Gegnern eine Reihe von Ver-
fehlungen vorgehalten, beginnend mit einer Geldzahlung
bei seiner Wahl, die im übrigen vom Mailänder Oberhirten
gespendet wurde, weiterhin eine Mißachtung des Oster-
termins, die Verschleuderung von Kirchengut und schließlich wie üblich, wenn man Inhaber geistlicher Würden
entscheidend treffen wollte, sittliche Vergehen. Als man
sich auf einer ersten Synode in Rom nicht einigte, wandten

---

[28] Zum Verkauf von Kirchenschätzen für diesen Zweck, gelegentlich allerdings zu einer Formel erstarrt, vgl. E. HERRMANN, Ecclesia
in Republica. Die Entwicklung der Kirche von pseudostaatlicher zu
staatlich inkorporierter Existenz, Frankfurt / M. 1980, S. 119–121;
125–141 und Th. STERNBERG, „Aurum utile". Zu einem Topos vom
Vorrang der *caritas* über die Kirchenschätze seit Ambrosius, JbAC 39
(1996), S. 128–145.

sich beide Seiten an Theoderich, der sich dafür entschied, Petrus von Altinum als neutralen auswärtigen Bischof zur Klärung der Rechtslage einzusetzen. Der König hielt also eine gerichtliche Vorladung für nötig, auch wenn sie nicht in Ravenna, sondern in der Tibermetropole unter Vorsitz eines geistlichen Würdenträgers durchgeführt werden sollte.[29] Als gegen den Protest des Symmachus und seiner Anhänger eine zweite Session in der Basilica Sessoriana, der heutigen Kirche S. Croce in Gerusalemme (im Juni / Juli 502), statt-fand, wurde dort die Anklageschrift der Symmachusgegner verlesen, in welcher folgender Punkt eine wichtige Rolle spielte: Sie behaupteten, sie könnten den Beschuldigten durch Sklaven aus seiner Umgebung überführen und forder-ten daher, er müsse selbst diese Sklaven ausliefern, die in der folgenden Untersuchung aussagen sollten. Man hat hierbei wohl an sittliche Vergehen zu denken, die man auf diese Weise erhärten wollte. Da es sich nach Ansicht der Lauren-tiuspartei um eine Kriminalklage handelte, wo die Zeugen-aussage von Sklaven durchaus möglich war, versprach man sich auf diese Weise einen entscheidenden Erfolg. Es kam freilich nicht dazu, da Symmachus kurz danach überfallen wurde und die Session abgebrochen werden mußte. Es

---

[29] Eine gute Übersicht über die Vorgänge geben in früherer Zeit G. Pfeilschifter, Der Ostgotenkönig Theoderich der Große und die katholische Kirche, Münster 1896, S. 55–111 und E. Caspar, Geschichte des Papsttums. Von den Anfängen bis zur Höhe der Welt-herrschaft, Band 2, Tübingen 1933, S. 88–117. W. Ensslin, Theo-derich der Große, München ²1959, S. 113–127. Neuerdings hierzu J. Moorhead, Theoderic in Italy (wie Anm. 9), S. 114–139; F. Sar-della, Società chiesa e stato nell' età di Teoderico. Papa Simmaco e lo scisma laurenziana, Soveria Mannelli 1996, bes. 70–96 und ausführlich mit eingehender Kritik der zahlreichen Texte E. Wirbelauer, Zwei Päpste in Rom. Der Konflikt zwischen Laurentius und Symmachus (498–514). Studien und Texte, München 1992, S. 9–65.

dauerte nicht lange, bis der Papst auf einer späteren Sitzung, der sogenannten Palmensynode im Oktober 502, von der Mehrheit der anwesenden Bischöfe freigesprochen wurde. Theoderich folgte ihnen darin, da sie argumentierten, daß ein Papst weder von einer weltlichen noch von einer geistlichen Instanz zur Rechenschaft gezogen werden könne, sondern allein Gott verantwortlich sei.[30]

Mit einem solchen Ausgang gaben sich die Symmachusfeinde allerdings nicht zufrieden. Sie antworteten mit einer Schrift „Gegen die Synode einer ungehörigen Freisprechung" (*adversus synodum absolutionis incongruae*), in welcher die beabsichtigte Sklavenbefragung erneut zur Sprache kam. Gegen diese nicht erhaltene Flugschrift trat nun Ennodius, der an der Palmensynode im Gefolge seines Bischofs selbst teilgenommen hatte, mit dem bereits erwähnten *Libellus pro synodo* auf den Plan. In ihm unternimmt er es, die Anschuldigungen der Gegenpartei Punkt für Punkt zu entkräften, so daß es möglich ist, daraus die Anklageschrift weitgehend zu rekonstruieren.[31] Ent-

---

[30] Act. synod. a. 502 (MGH AA XII 449). Über die Heranziehung der Sklaven vgl. act. synod. a. 502 (ibid. 428): *Aliud (erat in libello accusatorum), quod per servos de his, quae obiciebant, se eum loquebantur posse convincere addentes, ut ipse mancipia traderet, quibus, quantum illi asserebant, posset in iudicatione superari.* Es ist auffällig, daß die Sklavenfrage außer bei CASPAR. Geschichte des Papsttums II (wie Anm. 29), S. 96 f. sonst keine weitere Stellungnahme erfährt.

[31] Der volle Titel lautet *Libellus adversus eos qui contra synodum scribere praesumpserunt.* Hierüber ausführlich A. LUMPE, Die konziliengeschichtliche Bedeutung des Ennodius, Annuarium Historiae Conciliorum 1 (1969), S. 15–36. Er nennt das Ergebnis der Palmensynode, wo Ennodius selbst anwesend war, einen „Sieg der kurialistisch-papalistischen Auffassung gegenüber dem konziliaristisch-episkopalistischen Standpunkt der Laurentianer" (S. 21) und meint, daß Ennodius durch seinen *libellus pro synodo* erst richtig berühmt geworden sei und diesem sein Fortleben im Mittelalter verdanke (S. 25). Über das

scheidend ist nun, wie der Verfasser von seinem zentralen
Anliegen, der Nichtjudizierbarkeit des Papstes, abgesehen
zur Sklavenfrage Stellung bezieht.

Zuvörderst ist er bestrebt, die Rechtmäßigkeit der Aussage
von Sklaven in der Auseinandersetzung zwischen Symmachus
und Laurentius gänzlich in Abrede zu stellen. Geschickt
formuliert er mit Bezug auf eine Synode von Karthago
vom Jahr 419, daß man kirchlicherseits den Auftritt von
Personen nicht annehmen dürfe, welche die *leges publicae*
(öffentlichen / allgemeinen Gesetze) zur Anklage ebenfalls
nicht zulassen.[32] Damit verwischt er allerdings einen ganz
wesentlichen Unterschied; denn dort hieß es, daß Sklaven in
einem Kriminalprozess zur Anklage (*ad accusationem*) nicht

Sklavenproblem verliert er allerdings auch nur einen Satz S. 21 (in
Klammern!). Eine ausführliche Inhaltsübersicht des *Libellus* bietet
Wirbelauer, Zwei Päpste in Rom (wie Anm. 29), S. 150–152.

[32] Ennodius bezieht sich bei seiner „Widerlegung" auf ein Konzil vom Karthago vom Jahr 419: *Clamat in alio loco Carthaginiense
concilium: ‚Quascumque ad accusationem personas leges publicae non
admittunt, his inpugnandi alterum et nos licentiam submovemus* (Lib.
pro syn. 40).‘ Der Konzilstext lautet wörtlich: *‚Item placuit, ut omnes
servi vel proprii liberti ad accusationem non admittantur vel omnes, quos
ad accusanda publica crimina leges publicae non admittunt"* (C. Munier,
Concilia Africae A. 345 – A. 525, Turnhout 1974, 231, nr. 129). Das
gleiche Argument findet sich in den Konzilsakten a. 202 (MGH AA XII
248): *Quae res canonibus et ipsis publicis erat legibus inimica, cum patrum
statuta sanxissent, ut quos ad accusationem leges saeculi non admittunt,
iis dicendi in cognitione vel adsequendi aliquid neganda esset licentia.*
Ebenso unbesehen wird es übernommen von Magani, Ennodio II
(wie Anm. 2), S. 94; Pfeilschifter, Der Ostgotenkönig Theoderich
der Große und die katholische Kirche(wie Anm. 29), S. 97 („Sklaven
oder eigene Freigelassene dürfen nicht als Zeugen auftreten"); Lumpe,
Die konziliengeschichtliche Bedeutung des Ennodius (wie Anm. 31),
S. 21 („Eigene Sklaven dürfen nicht gegen ihren Herrn aussagen") und
Wirbelauer, Zwei Päpste in Rom (wie Anm. 29), S. 28 („Gerichts-
unfähigkeit der Sklaven").

zugelassen werden durften. Eben dies wird in einer Reihe
von Gesetzen des Codex Theodosianus und später des Codex
Justinianus und des Edictum Theoderici immer wieder
deutlich ausgesprochen.[33] Da es den Anklägern aber allein
um die Aussage der Sklaven, also um deren Zeugnis, nicht
jedoch um eine Anklage aus deren Munde ging, war das
Anliegen der Gegenpartei durchaus nicht ohne Aussicht auf
Erfolg, da in dieser Spätzeit die Zeugenaussage von Sklaven
nicht ausgeschlossen war. Außerdem sollte es nach ihrer
Intention nicht auf eine geistliche Untersuchung ohne Strafcharakter hinauslaufen, sondern auf einen Kriminalprozess
vor einem ordentlichen Gericht, wozu allerdings Theoderich
jedenfalls an seinem Hof in Ravenna wenig Neigung zeigte.
Von der königlichen Bestellung des Petrus von Altinum
und später nachkommenden Beamten – was eindeutig auf
ein Strafverfahren vor der Synode hinweist – spricht der
beredte Symmachusanwalt freilich nicht, denn dies hätte
seine Position erheblich geschwächt.[34] Auch die Hinweise

---

[33] CodTheod 9, 6; Edictum Theoderici § 48; 49; 100; 101; 102
sowie CodIust 4, 20, 3, 8 u. 12. Hierauf verweist Pfeilschifter, Der
Ostgotenkönig Theoderich der Große und die katholische Kirche (wie
Anm. 29), S. 82 Anm. 4.

[34] Caspar, Geschichte des Papsttums II (wie Anm. 29), S. 97
verweist auf den Parallelfall des Isaac-Prozesses gegen Damasus I.
vom Jahr 371, außerdem auf Äußerungen Theoderichs, die belegen,
daß er im damaligen Stadium noch an ein regelrechtes Strafverfahren
unter der Leitung des Petrus von Altinum dachte (im Anagnosticum
regis). Dort auch der Hinweis, daß er (noch vor der Palmensynode)
gotische Beamte schicken werde. Zur möglichen Zeugenaussage von
Sklaven in der Spätzeit bezieht er sich auf Th. Mommsen, Römisches
Strafrecht, Darmstadt 1961 (Nachdruck von 1898), S. 414. Weiterhin vgl. L. Schumacher, Servus index. Sklavenverhör und Sklaven-
anzeige im republikanischen und kaiserzeitlichen Rom, Wiesbaden
1982, S. 201–210 (204: „Seit Antoninus Pius und Septimius Severus
werden Aussagen von Unfreien im Bedarfsfall zur Beweisführung

seiner Gegner, daß Jesus selbst sich der Zeugenaussage von
Sklaven nicht widersetzt habe und die Apostel Petrus und
Paulus diese keineswegs mit Empörung vor sich gewiesen
hätten, können ihn in seiner Haltung nicht beeindrucken,
da er auf einer rein geistlichen Untersuchung bestand, und
zudem mit Nachdruck auf seiner Meinung beharrte, daß ein
Papst keinem irdischen Richter unterstehen dürfe.

Über diese grundsätzlichen Ausführungen hinaus, die Ennodius gewiß nicht ohne Einfluß seiner Auftraggeber formulierte, sind einige persönliche Äußerungen aufschlußreich,
welche erneut geeignet sind, die Einstellung des Autors zur
Sklaverei ins helle Licht zu rücken. Er fragt seine vornehm
herausgeputzten Widersacher zunächst voller Empörung,
welchen Stand die *mancipia* (Sklaven) denn besessen hätten,
die sie mit ihren schriftlichen Mitteilungen ausrüsteten.
Wenn sie noch die Sklavenkette in der Abhängigkeit eines
anderen zurückhielt und keine Spuren einer Befreiung von
den Fesseln einer schändlichen Bindung sie in ihrer Aussage
lockerten, hätten ihnen dann deren Worte irgendwelche
Glaubwürdigkeit gebracht?[35] Er läßt sie indes entgegnen:
Ein *religiosus tortor* (gewissenhafter Folterer) hätte die Wahr-

---

akzeptiert"). Bezeichnend ist, daß Symmachus sich konstant weigerte,
mit Petrus von Altinum Kontakt aufzunehmen und dieser später sogar
von der Symmachuspartei seines Bischofsthrons enthoben und gebannt
wurde.

[35] Lib. pro syn. 41 f.: *Quaero a vobis, viri, quibus indita est ad
unguem polita perfectio, cuius condicionis fuerint ista mancipia, quae
postulata scriptis principalibus intimastis? Si ea servilis adhuc in potestate
alterius catena retinebat et nulla ab obscenae obligationis conpedibus
vestigia in libertatem missa laxabant, vel vobis disceptantibus fidem
aliquam praedictorum verba portassent?* Damit zieht er eine zutreffende
Aussage von Sklaven überhaupt in Frage, weil sie nur mit Aussicht
auf eine mögliche Freilassung sich zu einer solchen bereit gefunden
hätten.

heit, die freiwillig nicht aus ihnen herauszubringen gewesen wäre, mit verschiedenen peinlichen Maßnahmen (*diversis crucibus*) herausholen können und durch die Hoffnung auf Erlösung von ihrer Qual hätte ihre Seele diese sicher nicht zurückgehalten. Hiermit hatten sie gewiß die damals herrschende Gesetzgebung auf ihrer Seite, wo noch immer die Folterung von Sklaven als selbstverständlicher Bestandteil des gerichtlichen Beweisverfahrens galt. Ganz anders jedoch Ennodius. In seinem priesterlichen Gewissen hart getroffen, verabscheut er ein solches Argument aufs tiefste und führt im Folgenden sogar die staatlichen Gesetze und Richter redend ein, die zu ihrer Verteidigung folgendes sagen könnten:[36]

Nos, quos dei servitium post istarum rerum abiectionem fecit ingenuos, qui servulorum insultantium contumelias aut despicimus aut ridemus, quibus scriptum est de famulis per apostolum: ‚Mementote quia vester et illorum dominus in caelis est', ad haec saeculi mala revocabimur? Faciendum a nobis est, quod facientem alterum profanum esse contendimus? Quod per ministerium iussionis et manus alienae incestaret aspectum, nostro peragetur imperio?

Wir, welche der Dienst Gottes nach der Verachtung solcher Dinge zu Freigeborenen gemacht hat, die wir die Schmähungen der spottenden kleinen Sklaven verachten oder verlachen, für die geschrieben steht, was der Apostel hinsichtlich der Knechte gesagt hat: „Denkt daran, daß euer und ihr Herr im Himmel ist (Eph. 6, 9)", wir sollten uns zu diesen weltlichen Übeln zurückführen lassen? Sollten wir das tun, was wir bei einem anderen als *profanum* bezeichnen würden? Sollte durch unseren Befehl ausgeführt

---

[36] Lib. pro syn. 42: *Sed, credo, replicabitis: Veritatem, quam sponte prolata in illis vox habere non poterat, hanc diversis crucibus e latebris suis religiosus tortor exegerat, ut, dum poenis corpora solverentur, quae gesta fuisse noverat anima non celaret. Sed quaeso primum ad leges publicas, deinde ad iudices ora convertite, qui possunt in defensione sua sic eloqui.*

werden, was durch den Dienst eines fremden Befehls und einer fremden Hand unser Aussehen beflecken würde?[37]

Kein Wunder, wenn sich Ennodius angesichts dieser *cruenta discussio* (blutbefleckten Untersuchung) im Folgenden in wüsten Beschimpfungen seiner Gegner ergeht, die er reißende Wölfe nennt, oder an späterer Stelle voller Unmut fragt:

Quis enim non putaret pontificem sponte pariturum in ea parte, quam licere sibi princeps non credidit, etiam si vetaret? Ibique papam ab eo salutatum suo iure iussit adfari, ut traderet coepiscopo mancipia nullis subdenda tormentis, servanda profecto ad disceptationem synodalis examinis.

Wer habe denn allen Ernstes geglaubt, daß Symmachus, der von Theoderich selbst als rechtmäßiger Papst angesprochen wurde, von diesem den Befehl erhalten haben sollte, seine Sklaven einem Mitbischof auszuliefern? Wenn man sie aber keiner Folter hätte unterwerfen dürfen, wie er meint, wozu hätte man sie dann zur Entscheidung in einer synodalen Prüfung aufbewahren bzw. heranziehen sollen?[38]

Also auch hier nochmals eine klare Distanzierung von der Folterung von Sklaven, wie sie damals üblich war.[39]

---

[37] Lib. pro syn. 42: In dem Bibelzitat Eph. 6,9 liegt ohne Zweifel eine Drohung an seine Gegner vor, die an eine gewaltsame Befragung dachten. Zur Beibehaltung der Folter bei Sklavenaussagen unter den christlichen Kaisern der Spätantike und in den germanischen Nachfolgestaaten vgl. zusammenfassend SCHUMACHER, Servus index (wie Anm. 34), S. 212–215.

[38] Lib. pro syn. 84.

[39] CASPAR, Geschichte des Papsttums II (wie Anm. 29), S. 103 spricht von rhetorisch geschicktem Ausweichen, heftigem Schelten, starkem Aufwand an nicht immer die Sache treffenden Bibelzitaten usw., während LUMPE, Die konziliengeschichtliche Bedeutung des Ennodius (Anm. 31), 22 der Schrift Ennods zumindest eine sehr starke rhetorische Prägung attestiert. WIRBELAUER, Zwei Päpste in Rom (wie

Sieht man am Ende von aller Polemik des Verfassers ab, aber auch von dem Versuch, das Verfahren auf eine rein geistliche Ebene ohne Strafcharakter zu verlagern, so daß eine Sklavenaussage gar nicht möglich gewesen wäre, so bleibt ein wesentliches Ergebnis, das sich mit dem deckt, was früher bereits offenkundig geworden war: Ennodius weiß, daß der Sklavenstand gemeinhin als verachtet gilt, und auch ihm liegt der Gedanke fern, die Institution in Frage zu stellen. Nirgendwo läßt er sich herbei, den legitimen Rechtsanspruch der Herren auf ihre Bediensteten in Abrede zu stellen. Im Gegenteil, er tritt, wo immer es ihm möglich ist, für die Aufrechterhaltung bzw. Wiederherstellung dieses Anspruchs ein. Auf der anderen Seite hält er die Angehörigen dieses Standes nach christlichem Gesellschaftsverständnis für Menschen wie alle anderen. Er beruft sich hierbei auf einen der neutestamentlichen Sätze von der Gleichwertigkeit aller Menschen unter ihrem göttlichen Schöpfer und Herrn, der es verbietet, einen Teil der Menschheit als minderwertig zu betrachten und unmenschlich zu behandeln. Wie er seine eigenen Sklaven als vertrauenswürdige Helfer herangezogen hatte und für solche, die unverschuldet in Not und Abhängigkeit gerieten, eingetreten war, und wie er weiterhin sich für jene, die einem grausamen Herrn entkamen, unter dem Schutz des weltlichen Rechts eingesetzt hatte, ebenso hält er es für empörend und mit seinem Glaubensverständnis nicht für vereinbar, wenn Sklaven für eigennützige Ziele unwürdige Folterstrafen erleiden. Er tut dies sogar entgegen

---

Anm. 29), 153 f. hebt vor allem die gesteigerte Emotionalität hervor (bes. durch die Einlage der fiktiven Reden von Petrus, Paulus und Roma). Positiv sei dagegen, daß es der Verfasser darauf angelegt habe, mit den zahlreichen Zitaten aus Jeremia und dem paulinischen Römerbrief die Mächtigen der Welt zu korrigieren und außerdem die Römer zu Bescheidenheit und Racheverzicht anzuhalten.

dem noch immer herrschenden Rechtszustand mit Berufung auf das christliche Liebesgebot, nach welchem alle Menschen in Christus, dem Herrn des Himmels, Brüder sind und bei dem niemand ein besonderes Ansehen seiner Person in Anspruch nehmen kann.

Nach Abschluß dieser Fallstudie erscheint es angebracht, zunächst über die Sklaverei im Ostgotenreich Theoderichs in Italien, in dem Ennodius lebte, etliche allgemeine Bemerkungen anzufügen, und anschließend für das Weiterbestehen der antiken Sklaverei im frühen Mittelalter einiges Wesentliche herauszustellen.

Was den ersten Gesichtspunkt betrifft, so hat einst K. F. Stroheker zutreffend formuliert, daß der Großgrundbesitz in seiner spätrömischen Struktur mit Kolonen- und Sklavenwirtschaft unverändert bestehen blieb, auch wenn die Herren wechselten.[40] Bekanntlich hatten die in Italien ansässigen Römer ein Drittel ihres Landes an die neuen gotischen Herren abzutreten, dazu gehörte auch der Bestand an Sklaven und Kolonen, worauf etwa Prokop in seiner Gotengeschichte, Cassiodor in seinen *Variae* und auch Ennodius wiederholt zu sprechen kommen. Auch den Bedarf an Sklaven für städtische Dienste gab es weiterhin. Man wird hier insbesondere an rechtlich abhängige Handwerker zu denken haben. Schließlich wurden Unfreie am Hofe und im Kriegsdienst verwendet, so etwa als Ruderer für die neu begründete Flotte des Königs.[41] Was die rechtliche

---

[40] K. F. Stroheker, Die geschichtliche Stellung der ostgermanischen Staaten am Mittelmeer (1961), in: Germanentum und Spätantike, Stuttgart–Zürich 1965, S. 108; vgl. dazu auch Chr. Schäfer, Probleme einer multikulturellen Gesellschaft. Zur Integration im Ostgotenreich, Klio 83 (2001), S. 182–197.

[41] Die Belege aufgelistet bei H. Nehlsen, Sklavenrecht zwischen Antike und Mittelalter (wie Anm. 14), S. 120–123. Über die Ver-

und soziale Stellung betrifft, so ist zu bemerken, daß diese
sich gegenüber der spätrömischen Zeit eher verschlechtert
als verbessert hat. Waren schon früher die Sklavenehen als
bloße *contubernia* (Konkubinate) nicht rechtsgültig aner-
kannt und die an den Boden gebundenen *coloni originarii*
(eingeborenen Bauern) den Sklaven praktisch gleich gestellt,
so hat zum Beispiel das bisherige Verbot, den eigenen Sklaven zu töten, keinen Eingang in das Edictum Theodorici
gefunden, so daß es nicht verwundert, wenn sich nunmehr
und auch später im Frankenreich die Exzesse gegen Unfreie
wieder häufen, wofür etwa Gregor von Tours anschauliche
Beispiele bietet. Alles, was hierbei im ostgotischen Italien zu
beobachten ist, ist in gleicher Weise bei den übrigen germanischen Stämmen die Regel, so bei den Westgoten, den
Franken, den Langobarden und anderen, wo das römische
Recht mit gewissen Adaptionen weiterlebte.[42] Vor allem
dem belgischen Wirtschaftshistoriker Charles VERLINDEN

---

wendung der Sklaven vgl. B. MEYER / FLÜGEL, Das Bild der ostgotisch-
römischen Gesellschaft bei Cassiodor. Leben und Ethik von Römern
und Germanen in Italien nach dem Ende des Weströmischen Reiches,
Bern 1992, S. 217–233.

[42] Über die rigide Einstellung Cassiodors vgl. z. B. var. 12, 11, 3:
„Es sündigt gegen die Majestät des römischen Volkes, wer die Reinheit
jenes Blutes durch die Gemeinschaft mit Sklaven befleckt." Über die
Verschlechterung des Sklavendaseins (z. B. CodTheod 9, 12, 1 u. 2 über
das *homicidium* (Mord) der Herren), wie dies etwa auch bei Gregor von
Tours in der historia Francorum sichtbar wird (z. B. 5, 3 über den grau-
samen Rauching); vgl. dazu etwa J. BADEWIEN, Geschichtstheologie
und Sozialkritik im Werk Salvians von Marseille, Göttingen 1986,
S. 100–102 und R. KLEIN, Das Verhältnis von Herren und Sklaven
in der Spätantike, in: Festschrift für Robert Werner, hrsgg. von W.
DAHLHEIM / W. SCHULLER / J. von UNGERN-STERNBERG, Konstanzer
Althistorische Vorträge und Forschungen, Bd. 22, Konstanz 1989,
S. 238–258. Zur Sklavenehe vgl. H. GRIESER, Sklaverei im spätantiken
und frühmittelalterlichen Gallien (wie Anm. 1), S. 99–101.

ist es in eindrucksvoller Weise gelungen, das von der älteren Literatur häufig geleugnete Fortbestehen der Sklaverei in den germanischen Nachfolgestaaten auf römischem Boden zu belegen. Erblichkeit, Kriegsrecht, Raub, schuldhaftes Verhalten und Selbstversklavung waren im Frühmittelalter die Ursache für den Verlust der persönlichen Freiheit, insbesondere spielten die großen Sklavenmärkte in den Mittelmeerländern, etwa in Marseille, aber auch bei den Franken in den rheinischen Gebieten eine wichtige Rolle, was erneut auf eine erhöhte Zahl von Sklaven und eine Verschärfung des Umgangs mit ihnen hindeutet.[43]

Nimmt man dies alles zusammen, so wird klar, daß auch die von der marxistischen Geschichtsauffassung lange Zeit vertretene These einer Ablösung der antiken Sklavenhaltergesellschaft durch die mittelalterliche Feudalgesellschaft nicht aufrecht zu erhalten ist, vor einem sich ständig steigernden Klassenkampf fortschrittlicher Unfreier, die diesen Übergang von einer Geschichtsformation in die nächst fortschrittlichere hervorgerufen hätten, ganz zu schweigen. Sklavenrebellionen dieser Art am Ausgang der Antike hat es nie gegeben.[44] Ebenso wenig dauerhaft haben sich die von

---

[43] Ch. VERLINDEN, L'esclavage dans l'Europe médiévale 1: Péninsule ibérique – France, Brugge 1955 und DERS., Les esclaves dans les communautés rurales médiévales et modernes. Quatrième partie: L'occidentale: Italie – Espagne – France, Paris 1984. Zusammenfassend St. LEBECQ / H. EHRHARDT / Chr. LÜBKE / G. PRINZING / H. G. v. MUTIUS / J. KODE, Sklave, LexMA 7 (1995), Sp. 1977–1987 und R. KLEIN, Sklaverei IV. Alte Kirche und Mittelalter, TRE 31 (2000), S. 379–383. Auffällig ist, daß die deutschen Historiker zur nachantiken Sklaverei kaum etwas beigetragen haben; so etwa J. OSTERHAMMEL, Sklaverei und die Zivilisation des Westens, München 2000, 12 f.

[44] Vgl. dazu A. DEMANDT, Der Fall Roms. Die Auflösung des Römischen Reiches im Urteil der Nachwelt, München 1984, S. 277–281 und J. DEISSLER, Sklaverei, DNP 15/3 (2003), Sp. 49–54. Zu ver-

führenden christlichen Kreisen im neunzehnten Jahrhundert unternommenen Versuche herausgestellt, einer weitgehende Auflösung der herkömmlichen Form der Sklaverei im Altertum und ihrer Verwandlung in die Leibeigenschaft das Wort zu reden. Zu nennen wäre hier das auf drei Bände angelegte Werk des Franzosen Henri WALLON, 1847 erstmals erschienen und ausgezeichnet mit einem Preis der französischen Akademie der Wissenschaften, über die Ursachen für die Abschaffung der Sklaverei. Ein zweites Werk, das in die gleiche Richtung tendierte, stammt ebenfalls von einem Franzosen Paul ALLARD, erschienen 1876, das sogar eine lobende Anerkennung des Heiligen Stuhls erhielt. Beider Anliegen war es nachzuweisen, daß die Gleichheit der Menschen vor Gott, die von Anbeginn in den christlichen Gemeinden praktiziert worden sei, zur Beseitigung der Unfreiheit beigetragen habe, freilich nicht von einer sozialen Revolution ausgehend, sondern von einer Verwandlung der Sitten im täglichen Umgang der Menschen. Vereinzelt findet man solche Gedanken in abgewandelter Form noch in der heutigen Literatur.[45]

---

weisen wäre hier auf die außerordentlich lebhafte Diskussion über diese Fragen des Übergangs in der zweiten Hälfte des 20. Jahrhunderts, wovon die zahlreichen Arbeiten Zeugnis geben, welche in der neuen Bibliographie zur antiken Sklaverei (wie Anm. 1) aufgelistet sind, S. 83–85.

[45] Hierzu noch immer instruktiv J. VOGT, Sklaverei und Humanität. Studien zur antiken Sklaverei und ihrer Erforschung, Wiesbaden ²1972, S. 97–111 („Die antike Sklaverei als Forschungsproblem – von Humboldt bis heute") und zur Stütze für die Position von J. VOGT wiederum H. BELLEN, Die antike Sklaverei als moderne Herausforderung. Zur Situation der internationalen Sklavenforschung, in: Akademie der Wissenschaften und Literatur Mainz (Hrsg.), Akademie der Wissenschaften und der Literatur Mainz 1949–1989, Stuttgart 1989, S. 195–208.

Aber die Realität war eine andere. Sieht man nämlich auf die Haltung der Kirche, so ist es nicht verwunderlich, daß für die in der römischen Tradition stehenden Bischöfe die weiterhin auf der Scheidung von Freien und Sklaven bestehende Rechts- und Gesellschaftsordnung in ihrer Synodalgesetzgebung eine selbstverständliche Voraussetzung bildete. Auf den zahlreichen gallischen und spanischen Synoden werden bis in die zweite Hälfte des siebten Jahrhunderts eine Reihe von rechtlichen und moralischen Fragen erörtert, welche weiterhin das Eigentumsrecht der Herren unangetastet ließen, allerdings das stete Bemühen erkennen lassen, die Lage der Ärmsten in der sozialen Gesellschaftspyramide zu verbessern, denen jeder Aufstieg verwehrt war, ehe sie nicht die Fesseln der Unfreiheit abgestreift hatten.[46]

Wenn nun in der späten Karolingerzeit ein allgemeiner Rückgang der Sklaverei in ihrer herkömmlichen Form zu beobachten ist und die persönlich unabhängigen, aber zu Zinszahlungen und Fronarbeit auf dem Herrenland verpflichteten *servi casati* („behauste Unfreie") traten, dann auch die in der Hörigkeit und Leibeigenschaft aufgehenden Landbewohner, so sei die Frage gestellt, wieweit die Kirche zu dieser Änderung im positiven Sinn beigetragen hat. Vier Punkte sind es, die man in der Forschung herausgehoben hat, welche geeignet waren, das Los der Sklaven im einzelnen zu verbessern.[47] Zum einen war es die in den Volkrechten erlaubte willkürliche Tötung des eigenen Sklaven, die mit

---

[46] Hierzu wiederum GRIESER, Sklaverei im spätantiken und frühmittelalterlichen Gallien (wie Anm. 1), S. 54–119.

[47] Zusammenfassend hierzu H. HOFFMANN, Kirche und Sklaverei im frühen Mittelalter, DA 42 (1968), S. 1–24. Die zahlreichen Äußerungen der Bischöfe und Konzilien sind nicht zuletzt auf dem Hintergrund des damals immer noch bedeutsamen Sklavenhandels zu sehen; vgl. dazu M. MCCORMICK, New Light on the „Dark Ages".

der christlichen Lehre unvereinbar war. So hören wir erstmals auf einem Konzil im französischen Epaon 517, daß ein solches Vorgehen eines Herrn mit einer schweren Kirchenstrafe bedroht wurde, wenn dies ohne richterliches Urteil geschehen sei. Es hat immerhin bis in die Zeit Karls des Großen gedauert, bis in einer *admonitio generalis* (Generalbelehrung) vom Jahr 789 auch staatlicherseits *homicidia infra patriam* (Mord innerhalb der Hausherrengewalt), aber auch die willkürliche Mißhandlung streng verboten wurden. Dabei wird ausdrücklich auf die zehn Gebote hingewiesen.[48] Ein zweiter Punkt, in welchem die Kirche ebenso unnachsichtig blieb, war das Eherecht. Jedoch auch hier muß man bis in das Jahr 813 gehen, wo auf einem Konzil zu Chalon festgelegt wurde, daß Sklavenehen, die in gesetzlicher Form und mit Zustimmung des Herrn geschlossen wurden, nicht getrennt werden durften, selbst dann nicht, wenn Mann und Frau unterschiedlichen Eigentümern gehörten. Es gab in diesem Zusammenhang auch Strafandrohungen gegen einen Herrn, wenn er gegen eine abhängige Magd zudringlich geworden war.[49] Ein dritter und ganz wesentlicher Bereich waren Verkauf beziehungsweise Freikauf und die herkömmlichen kirchlichen Freilassungen im großen Stil, wo sich die Bischöfe stark engagierten. Man verbot es, daß christliche Sklaven an jüdische oder arabische Händler ver-

---

How the Slave-Trade fuelled the Carolingian Economy, P. u. P. 177 (2002), S. 17–54.

[48] MGH Capit. 1, S. 59, Nr. 22; c. 67, S. 104, c. 42 (mit Bezug auf Ex 21, 20).

[49] MGH Conc. 2, 1 S. 279, c. 30; ähnlich MGH Capit. 1, S. 218, Nr. 165, c. 12 und Einhard epist. 46. Über das unerlaubte Verhältnis eines Herrn zu einer Magd vgl. z. B. P. W. Finsterwalder (Hrsg.), Die Canones Theodori Cantuariensis und ihre Überlieferungsformen. Untersuchungen zu den Bußbüchern des 7., 8. und 9. Jh., 1 (1929), S. 308.

kauft wurden, natürlich nicht zuletzt deshalb, weil sie von
der Apostasie vom christlichen Glauben bewahrt werden
sollten. In gleicher Weise setzte man sich umgekehrt mit
Nachdruck für die Rückkehr dieser Unglücklichen ein,
wenn sie in die Hände von Juden und Heiden gefallen
waren. Hinzu kommt, daß man die Unfreiheit im eigenen
Vaterland allgemein für noch erträglicher hielt, als wenn
ein solches Los in der Fremde zu erdulden war. Der Erfolg
war, daß es spätestens im neunten Jahrhundert einen Bin-
nenmarkt größeren Ausmaßes für christliche Sklaven im
Frankenreich nicht mehr gegeben hat. Freilich darf nicht
verschwiegen werden, daß in Nord- und Osteuropa die Versklavung von Gefangenen weiterging, und im Spätmittel-
alter die Kirche erneut auf den Plan trat, als im Jahre 1452
Papst Nikolaus V. den Portugiesen erlaubte, in die Gebiete
der Sarazenen, der Heiden und anderer Feinde Christi
einzudringen, um ihre menschliche Beute zu versklaven.[50]
Schließlich sei als viertes erneut darauf verwiesen, daß die
Kirche seit Konstantin selbst zur Sklavenbesitzerin großen
Stils geworden war und erheblichen Nutzen aus diesem

---

[50] Bereits im Karolingerreich galt allgemein, daß christliche Sklaven
nicht an Heiden verkauft werden durften (MGH Capit. 1, S. 51,
Nr. 20, c. 19 u.ö.). In den Heiligenviten der Merowingerzeit ist
die Gefangenenbefreiung ein häufig wiederkehrendes Motiv. Ausführlich hierüber GRIESER, Die Sklaverei im spätantiken und frühmittelalterlichen Gallien (wie Anm. 1), S. 166–190. Die Erlaubnis von
Nikolaus V. ist natürlich im Zusammenhang der Kreuzzüge und der
stets zunehmenden Türkengefahr (bis zur Einnahme Konstantinopels)
zu sehen, worüber A. HAVERKAMP jüngst ausführlich gehandelt hat:
Die Erneuerung der Sklaverei im Mittelmeerraum während des hohen
Mittelalters. Fremdheit, Kultur, Funktion, in: E. HERRMANN-OTTO
(Hrsg.), Unfreie Arbeits- und Lebensverhältnisse von der Antike bis zur
Gegenwart, Eine Einführung. Sklaverei, Knechtschaft, Zwangsarbeit,
Bd. 1, Hildesheim 2005, S. 130–166.

Vorrecht gezogen hat. Jedoch läßt sich den Beschlüssen der
Konzilien in den Jahrhunderten des Übergangs entnehmen,
daß man sich zwar gegen eine weitgehende Freilassung
von Kirchensklaven oder gar eine ersatzlose Veräußerung
sträubte, aber diesen doch erträglichere Lebensbedingungen
gewährte als die weltlichen Herren. Hierzu gehört zum
Beispiel die Fixierung der Dienste und Abgaben der *servi* in
den kirchlichen Grundherrschaften, wie sie dann auch in
die einzelnen Stammesrechte übergegangen ist. Die Kirche
versuchte überdies über die Konzilien hinaus ihre eigenen
Maßstäbe im Bereich der weltlichen Grundherrschaften
durchzusetzen. Trotzdem scheint der Erfolg nicht allzu
groß gewesen zu sein; denn wie wäre es sonst zu erklären,
daß in den karolingischen Kapitularien das Problem der
servi fugitivi (flüchtige Sklaven) noch immer eine ganz
wesentliche Rolle spielt. Sollte hier die Besserstellung der
Kirchensklaven auf längere Sicht nicht doch vorbildlich
gewirkt haben? So hat die Kirche in jener Zeit, wie es
Hartmut HOFFMANN ausdrückt, den Vorreiter gespielt,
die Sklaven günstiger zu stellen als es bisher üblich war,
aber von einer Infragestellung oder gar einer Abschaffung
war auch sie weit entfernt.[51] Diese Feststellung trifft sich
mit der bekannten Tatsache, daß auch die führenden Ver-

---

[51] HOFFMANN, Kirche und Sklaverei im frühen Mittelalter (wie
Anm. 47), S. 24 (dort auch die Belege über die gelegentliche Besserstellung von Kirchensklaven und die *servi fugitivi* in der Karolingerzeit).
Die Auffassung der Kirchenväter des Altertums, daß die ursprünglich
nicht vorhandene Sklaverei als Folge des Sündenfalls entstanden sei
und daher der Sklave seinen Stand als gottgewollt zu akzeptieren und
sowohl einem milden wie einem harten Herrn zu gehorchen habe,
blieb auch im Frühmittelalter vorherrschend und prägte die kanonisti-
sche Literatur; vgl. dazu R. W. CARLYLE / A. J. CARLYLE, A History of
Mediaeval Political Theory I, Edinburgh – London [5]1970, S. 195–208
und B. TÖPFER, Urzustand und Sündenfall in der mittelalterlichen

treter der Theologie, allen voran Thomas von Aquin, unter Rückgriff auf Augustin und Aristoteles die Sklaverei damit rechtfertigten, daß ein Teil der Menschheit als Folge des Sündenfalls des Noesohnes Cham bzw. aufgrund mangelnder geistiger Fähigkeiten oder moralischer Festigkeit der Leitung vernünftiger Herren bedürfe.[52] Solange diese philosophisch-theologische Grundlegung galt, konnte das Los der Unfreien aufgrund des Gedankens der Brüderlichkeit zwar erleichtert werden, aber an der Institution der *servitus* (Sklaverei) als solcher war bis weit in die Neuzeit hinein nicht zu rütteln.[53]

Gesellschafts- und Staatstheorie. Monographien zur Geschichte des Mittelalters, Bd. 45, Stuttgart 1999, S. 93–150.

[52] Zu Thomas von Aquin und anderen Vertretern der Scholastik und ihrem Rückgriff auf Augustinus und Aristoteles, dessen Schriften damals im Abendland bekannt wurden, vgl. z. B. P. MILANI, La schiavitù nel pensiero politico dai Greci al basso medio evo, Milano 1972, S. 371–386. Etwas einschränkend und auch widersprüchlich jetzt G. MENSCHING, Die Rechtfertigung von Unfreiheit im Denken des Hochmittelalters, in HERRMANN-OTTO (Hrsg.), Unfreie Arbeits- und Lebensverhältnisse von der Antike bis in die Gegenwart (wie Anm. 50). Er meint einerseits, daß bei Thomas „die gesellschaftliche Unterordnung allenfalls von Nutzen sei, um das *bonum commune* [das Gemeingut] zu befördern" (127), andererseits gibt er zu, daß auch bei ihm die Faktizität von Herrschaft sich aus dem Naturrecht erkläre (126), woraus sich doch die praktische Philosophie des Aristoteles erkennen läßt. Thomas übe Kritik an Aristoteles, dessen Theorie er doch aufgenommen habe.

[53] Wie schwer sich die Kirchen selbst in der Abolitionistenbewegung des 19. Jahrhunderts taten, sei an zwei Beispielen erläutert: Im amerikanischen Bürgerkrieg (1861–1865) enthielt sich die katholische Kirche einer Stellungnahme zur Sklavenbefreiung und überließ das Urteil den einzelnen Gläubigen (dazu etwa H. JEDIN, Handbuch der Kirchengeschichte, Bd. 4, Freiburg 1985, S. 566 f.). In den Debatten der Glasgower evangelischen Free Church zeigte sich, etwa bei den Predigern Thomas Chalmers (1826) oder D. Cunninghamn (1846), daß man dort sogar die Sklaverei verteidigte und sich offen gegen den

Das Los der Sklaven zu erleichtern, wo immer es möglich war, dies war bereits das einhellige Bestreben der Kirchenväter in der Zeit des ausgehenden Altertums. Hierzu darf der Bischof Ennodius von Pavia mit Fug und Recht gerechnet werden.

<hr />

Abolitionismusdiskurs stellte; dazu A. GESTRICH, Die Antisklavereibewegung im ausgehenden 18. und 19. Jahrhundert: Forschungsstand und Forschungsperspektiven, in: HERRMANN-OTTO (Hrsg.), Unfreie Arbeits- und Lebensverhältnisse von der Antike bis in die Gegenwart (wie Anm. 50), S. 250–254. Zusammenfassend jetzt D. TURLEY, Sklaverei V, Reformation bis in die Neuzeit, TRE 31 (2000), S. 383–393, und B. L. HEBBLETHWAITE, Sklaverei VI, Ethische Bewertung, ibid. S. 394–396 sowie D. B. DAVIES, The Problem of Slavery in Western Culture, Ithaca, NY, 1966.

Stellenregister

Namen- und Sachregister

Tria Corda

Jenaer Vorlesungen zu Judentum,
Antike und Christentum

Herausgegeben von Walter Ameling,
Karl-Wilhelm Niebuhr und Meinolf Vielberg

Die Vorlesungsreihe „Tria Corda. Jenaer Vorlesungen zu Judentum,
Antike und Christentum" wird gemeinsam von den Lehrstühlen für
Altes und Neues Testament der Theologischen Fakultät und vom In-
stitut für Altertumswissenschaften der Philosophischen Fakultät der
Friedrich-Schiller-Universität in Jena veranstaltet. Die kleinformatigen
Bände bieten zahlreiche Quellenzitate, in der Regel sowohl in der
Originalsprache als auch in moderner Übersetzung. Auf diese Weise
werden die Leser in wesentliche Probleme und Fragestellungen der
gegenwärtigen Forschung zur hellenistisch-römischen Antike, zum
antiken Judentum, und zum frühen Christentum eingeführt und zugleich zur eigenen Begegnung mit wichtigen Quellentexten aus diesen
kulturellen Bereichen angeregt.

Bisher erschienene Bände:

1 *Kaiser, Otto:* Des Menschen Glück und Gottes Gerechtigkeit.
   Studien zur biblischen Überlieferung im Kontext hellenistischer
   Philosophie. 2007. XVI, 269 Seiten. Fadengeheftete Broschur.

2 *Eck, Werner:* Rom und Judaea. Fünf Vorträge zur römischen
   Herrschaft in Palaestina. 2007. XIX, 263 Seiten. Fadengeheftete
   Broschur.

3 *Klein, Richard:* Zum Verhältnis von Staat und Kirche in der
   Spätantike. Studien zu politischen, sozialen und wirtschaftlichen
   Fragen. XI, 177 Seiten. Fadengeheftete Broschur.

4 *Klauck, Hans-Josef:* Die apokryphe Bibel. Ein anderer Zugang
   zum frühen Christentum. 2008. X, 393 Seiten. Fadengeheftete
   Broschur.

*Einen Gesamtkatalog erhalten Sie gerne vom Verlag
Mohr Siebeck • Postfach 2040 • D–72010 Tübingen
Neueste Informationen im Internet unter www.mohr.de*